玖

中華武術大觀

**图书在版编目(CIP)数据**

邵善康专辑:醉拳、杨式太极剑/邵善康,邵英兼编著.—武汉:湖北科学技术出版社,2016.4

(中华武术大观)

ISBN 978-7-5352-8591-1

Ⅰ.①邵… Ⅱ.①邵… ②邵… Ⅲ.①醉拳—基本知识—中国 ②剑术(武术)—基本知识—中国 Ⅳ.①G852.19 ②G852.24

中国版本图书馆CIP数据核字(2016)第072858号

责任编辑:谭学军　徐　竹　　封面设计:胡　博

---

出版发行:湖北科学技术出版社　　电话:027—87679468

地　　址:武汉市雄楚大街268号　　邮编:430070

(湖北出版文化城B座13—14层)

网　　址:http://www.hbstp.com.cn

---

印　　刷:随州大同文化有限公司　　邮编:441300

---

787×1092　1/16　　9印张　　4插页　　135千字

2016年7月第1版　　2016年7月第1次印刷

定价:42.00元

---

# 邵善康

## 醉拳
## 楊式太極劍

# 專輯

長江出版傳媒
湖北科学技术出版社
南粵出版社

鄂新登字 03 號

責任編輯　李愼謙　董　陽
執行編輯　李愼謙
責任校對　蔣　靜
封面設計　洪清淇　秦滋宣
插　　圖　吴金順



書　　名　邵善康專輯·醉拳、楊式太極劍
　　　　　（中華武術大觀·九）
編 著 者　邵善康　邵英兼
聯合出版　湖北科學技術出版社
　　　　　中國湖北省武漢市東亭路 2 號
　　　　　HUBEI SCIENCE AND TECHNOLOGY PRESS
　　　　　2 Dong Ting Road, Wuhan, Hubei, China
　　　　　南粵出版社
　　　　　香港域多利皇后街十號 801 室
　　　　　SOUTH CHINA PRESS
　　　　　Rm. 801, 10 Queen Victoria Street, Hongkong
發　　行　新華書店湖北發行所
印　　刷　湖北省新華印刷廠
版　　次　1994 年 12 月武漢　第 1 版　1994 年 12 月第 1 次印刷
印　　数　1—5000
規　　格　16 開（185×260mm）9 印張　4 插页
國際書號　ISBN 7－5352－1622－6/G·464
定　　價　12.60 圓

1

2

3

4

1. 啓蒙恩師無極掌門人紀晉山先生
2. 恩師“神力千斤王”王子平先生
3. 恩師形意大師郝湛如先生
4. 邵善康
5. 邵善康在演練楊式太極拳
6. 邵善康之愛女在第二届亞洲武術錦標賽領獎臺上
7. 邵善康之愛子邵英兼在電視劇《三俠五義》中
8. 1974年總教練邵善康（前左四）及中國武術代表團成員與尼克松總統（前左一）和國務卿基辛格博士（前左三）在白宫
9. 邵善康與馬來西亞柔佛州學生在一起
10. 邵善康和家人在一起
11. 邵善康的部分獎章
12. 1990年邵善康（前）在馬來西亞舉辦的國際武術節上

5

6

7

8

9

10

11

12

# 總　序

中華民族，歷來文武并重，“乃武乃文”（《書·大禹謨》）。最初建立國家，都是以武來完成的。周武王於牧野誓師，號令：“稱爾戈，比爾干，立爾矛。”滅掉暴君商紂，立即“歸馬於華山之陽，放牛於桃林之野”。（《書·武成》）春秋宣公十二年，楚敗晉師於邲，楚子明確地指出：“夫文，止戈爲武。”接着進一步指出：“夫武，禁暴、戢兵、保大、定功、安民、和衆、豐財者也。”也就是“武有七德”的説法。武，不可一日廢，但决不提倡“耀武觀兵”。

古代教學，也是文武并重。《周禮·地官司徒·保氏》：“保氏掌諫王惡；而養國子以道，乃教之六藝。”其中“射”與“御”，即着眼於培育國防人才。《文獻通考·選舉考·武舉》：“漢興，六郡良家子，選給羽林期門，以材力爲官，名將多出焉。”《事物紀原·學校貢舉部·武舉》：“《唐會要》曰：‘長安三年正月十七日，詔天下諸州，宣教武藝，每年準明經進士，貢舉例送，此武舉之始也。’”漢、唐以後，歷代相沿。雖有起落，并未中止。

當然，今天的武術運動，只是整個體育事業中的一個組成部分。由於時代的推移，它的作用，應當賦予新的内容。在增强全民體質、提高世界武術運動水平的前提下，挖掘整理傳統套路和鍛煉方法；研討修身養性、攻防技擊等有效成果，以之公諸同好，作他山之助。

本叢書基於上述目的，分輯陸續出版。舉凡各門派有代表性之拳、械具鮮明特色者，兼收并蓄，百花齊放，四海一家，無分軒輊。

“天行健，君子以自强不息。”願八方風動，我武維揚。

《中華武術大觀》編委會

# 目　　録

# 邵善康小傳

當代著名武術家邵善康系浙江鄞縣人，生於 1934 年，現任上海市武術隊總教練，中國武術高級教練，國家級裁判，兼任中國武術協會教練委員會副主任、中國體育科學學會武術學會委員、上海市體育總會委員、上海市武術協會副主席及國外許多顧問和教練職務。

他的啓蒙恩師是無極門掌門人紀晋山先生。紀大師原是濟南府官僚世家，因酷愛武術，十三歲起投師無極門旗人薛子洞和八卦掌第二代傳人崔征東習武。以萬貫家財換來了一身功夫。闖蕩江湖，孑然一生。壯年在上海灘先施、永安、大新、新新四大公司任武術隊總領班，威振申江。曾在大馬路（今南京東路）大三元酒樓下，一人力挫六名流氓。赫赫有名的三大亨之首黄金榮對他也十分欽佩，想請當保鏢，却被他婉言謝絶。他爲發揚武術却不遺餘力，創建“國術精神研究會”，不久又分出民强、强華等十三家國術社，他的學生在美國、台灣都再建分社，廣收門徒，貧賤不計。

邵善康父親是個木匠，却與紀大師有八拜之交，因此，十四歲就拜紀先生爲師，進入武門。

自 1949 年 9 月起，邵善康開始“聞鷄起舞”，天不亮就去復興公園學藝。大師愛徒甚篤，責之亦嚴。先從基本功一招一式，一步一手教起。人説“巧木匠”，因爲做木匠的人會動腦筋，七湊八拼能變廢爲寶。而邵木匠的兒子邵善康并没有繼承父親的“巧思”血統，却有一鑽一鋸，一步一個脚印的“釘子”精神。憨實聰慧的少年邵善康具有堅韌不拔，不達目的決不罷休之恒心。每天堅持做弓、馬、仆、虚、歇步和踢、踹、蹬、鏟腿及旋風、擺蓮、飛脚各種步型步法、手型手法，不達千遍決不停息。他的座右銘是“笨鳥先飛”。

果然“拳練千遍自來熟”。經過多少個日日夜夜，他已掌握了所有武術的基本功，打下了“萬丈高樓”的基礎。紀大師因材施教，把自己拿手的“醉八仙”和“八卦掌”傳給邵善康。此拳對腰腿柔韌性和跳躍、跌撲滚翻動作都有很高的要求，是“外練筋骨皮”也是“内練一口氣”——志氣的最好磨煉。公園水泥地上，紀大師家門弄堂裹的石板方磚上，他家中的地板上，到處都有邵善康跌撞碰摩的滴滴血迹。邵善康是練得着了迷，有一次，他一進家門，直挺挺地向前跌一個“栽碑”，嚇得他父親以爲他昏厥倒地。一次吃飯時想起了“盤腿跌”要臂、身、腿、掌心同時平放倒地，他便斜刺裹倒身跌滑過去。壓腿練柔韌勁，他别出心裁地劈腿後將兩脚一前一後擱在兩個櫈子上，手中拉一張弓開個滿月，直挺挺地凌空一個多小時。當脚從櫈子上搬下來時，幾乎不是長在自己身上的，又麻又酸，甚至腫了起來。

他是練“瘋”了，練“傻”了，但也練得“神”了。他的一套“醉八仙”不只形神結合，惟妙惟肖地描述了八仙各種醉形醉態，有“何仙姑鸞顛鳳倒，側進身偏；鐵拐李左跌右撞，身倒脚掀；吕洞賓披手披脚，兩手如矢；韓湘子插掌填拳，來若翩躚；曹國舅身步齊進，臂膊深堅；藍采和上躍下挽，骨反筋偏；張果老蜻蜓點水，挽拳挽脚；漢鐘離顛來倒去，玉山頹墻”。而且内含了許多技擊絶招，成爲他威振武壇的看家本領。

他隨民强國術社在先施樂園、福安游樂場身經數百次演出，每次都有一種新的感受，新的飛躍。

1950 年 10 月，上海體育界抗美援朝捐獻飛機大炮義演，上海武術界在回力球場（現盧灣區體育館）進行表演，邵的一套“醉八仙”不但獲得滿場掌聲，而且引起了各位武林前輩的關注。人稱“神力千斤王”的王子平先生，曾經搬過大石，拉過驚馬，舉過大鼎，抓住過汽車，托過石獅，掀按過飛磨，還力挫過英、法、德、日、美、俄和一個不明國籍的丁柯爾七國大力士。在上海曾稱雄一時的美國沙利文“萬國競武場”，也被王大師打垮。邵善康的一套“醉八仙”却給王大師留下了極好的印象。從此邵經常去王家請教武技，1952 年由徐傳德老師促成邵善康成了王門入室弟子。

王子平是少林門泰斗，又是傷科名家，邵善康拜師後，不但學到了少林真傳，還掌握了傷科醫技。

邵善康的另一位老師是山西形意拳傳人郝湛如。郝大師出身於中醫世家，乃形意大師宋世榮先生之高徒。郝大師志高道清，不喜拋頭露面，爲了開闊視野，提高武藝，曾以經商方式先後赴内蒙古、黑龍江、四川、雲南、貴州、廣東、廣西、天津、上海等十餘個省市，遍訪武林名師及在野之佛、道、醫、儒中隱士高人，從中切磋各家内外功夫之異同，博採衆長，創編了殳法運練於周身的獨特技擊術。他是山西宋氏形意拳在上海的傳人。邵善康由徐文忠老師介紹，拜郝湛如爲師，郝大師的處世爲人和鍥而不舍精神，也隨着形意拳一起傳給了邵善康。

1958 年上海市體委組織武術集訓隊，迎接第一屆全運會，邵善康被選入了隊中，并擔任隊長之職。

楊式太極拳第一代宗師楊露蟬，運用剛柔相濟的楊式太極功夫“稱霸”武林，獲得“楊無敵”之美稱。“楊無敵”之孫楊澄甫發揚楊門拳藝，廣收門徒，其甥傅鍾文和入室弟子褚桂亭都是出類拔萃的人物，他二位大師把楊門真傳也給了肯吃苦耐勞的邵善康，使他少林、八卦、形意、太極四大拳種齊備。

邵善康把少林門勇猛迅疾的剛勁、八卦掌扣擺轉擰的化勁、形意門形神相合的整勁和太極門沾粘連隨的柔勁融匯貫通在他的“醉八仙拳”中，以至於成爲了當代“醉拳王”。這是五位大師傳授之功德，五拳相融之結晶，四十餘年磨煉，水到渠成之必然碩果。

對教誨過他的老師，邵善康終身不忘，紀晋山逝世他解囊刻碑，爲師立傳；王子平和褚桂亭作古，他組織武林同道主辦紀念活動，以慰亡靈；郝湛如歸天，他泣寫憶文，發表在《中華雜志》上，情深意濃；唯傅大師還健在，他常携兒帶女前去問候。“一日爲師，終生爲父”這是邵善康的尊師之道，爲後輩作出了榜樣。

邵善康的醉拳不僅套路技術規範化，能充分地體現精、氣、神，而且還能充分地顯示出人體的健、力、美，具有極高的藝術欣賞價值。觀者會身不由已地隨着他的醉形醉態，如醉如狂地顛來倒去；又會情不自禁地爲他的一跌一摔提心吊膽。正可謂“酒不醉人人自醉”。俗話説“外行看熱鬧，内行看門道”。邵的醉拳裏的鯉魚打挺、盤腿跌、栽碑、烏龍絞柱，猶如京劇武生的行檔，外行看來無不嘆爲觀止;，行家們透過這些“醉”的外表，還看到了他一招一式的手眼身法步按拳譜運行的軌迹，處處隨化而變，包含了技擊意義的内在精髓。儘管他顯示了“太白醉酒”的“文醉”，“武鬆醉跌”的“武醉”，“魯智深醉打山門”的“狂醉”等種種形態，仍不失“醉中有拳，拳法似醉”，處處“形醉意不醉，步醉心不醉”，時時包含乘隙而入、虚守實發、指東打西、逢擊閃避，運用沾、隨、靠、化逢凶化吉，佯敗取勝的戰備戰術。

邵善康靠了這套“五拳歸一”的醉拳，在中國武林高手如雲的武壇上稱霸十一年。從 1953 年全國民族形式體育表演及競賽大會上獲得武術金質獎章起，到 1963 年全國武術比賽大會獲傳統拳第一名止，凡有比賽，必奪第一。由於他的優異成績，帶動了整個上海隊，使上海隊在全國也名列前茅，他獲得的獎章足有一大堆，每一枚閃閃發光的獎章裏面，隱隱可以看到邵善康的熱血在奔流，這是他用血和汗換來的累累碩果！迄今爲止國内外練醉拳者衆多，套路内容也充實不少，但仍無一人可與邵的醉拳媲美。因此他被稱譽爲“醉拳王”當之無愧。

中華武術已被越來越多的國家和民衆所熱愛，已在亞運會上列入正式比賽項目，在國際上展開過多次武術錦標賽、散打賽。新中國成立後，邵善康是以運動員兼教練身份出訪的第一人！1960年全國19名武術國手，代表國家武術隊出訪捷克斯洛伐克，參加該國第二屆全國體育運動大會“友誼之夜”表演，同時參加這一活動的有蘇聯、波蘭等八個國家。中華武功以其獨特的魅力，成爲“友誼之夜”的中心，而邵善康的醉拳和九節鞭又是中心的核心，被報界稱譽爲“東方藝術大師”“醉拳大王”，他成了新中國武術推向世界的開拓者和功臣。

此後，他在1961年隨周總理出訪緬甸，1974年去美國、墨西哥，1976年到菲律賓、緬甸，1977年訪問日本、澳大利亞，1982年赴日本，1984年出訪荷蘭、法國，1986年去日本横濱，1987—1991年每年應日本國邀請訪問、講學，1990年去馬來西亞任教，1991年又再度訪問美國……邵善康在五大洲幾拾個國家馬不停蹄、人不離鞍地奔波，除傳授武技培養骨幹，把中華武術推向世界外，他還爲促進中美兩國友誼建立了功勛。

1974年6月中美會談發表上海公報之後，中國武術隊作爲新中國的友好使者，第一次訪問美國，受到該國熱烈歡迎和隆重接待（副國務卿親自到機場迎接），邵善康作爲中國武術代表團總教練的身份，在白宫受到美國總統尼克松和國務卿基辛格博士的親切接見，尼克松對邵善康表演的醉拳驚嘆萬分，離座熱情地與邵善康緊緊握手，特别對他飄逸儒雅的儀表風度啜口稱贊。邵善康成了中美友誼史上“以武爲友”的先驅者。

武術要走向世界，也必須讓世界瞭解武術，邵善康多次出訪、受聘、講課、任教，培養了不少“洋”弟子，而且有不少是出類拔萃的高手：如日本的氏林正純獲得全日本形意拳冠軍，荒井伸次獲得全日本太極拳冠軍，女弟子增田尚子獲得全日本八卦掌、少林劍、太極拳、太極劍冠軍。1990年邵善康受聘馬來西亞，經過幾個月培訓，該國參加了第十一届亞運會，成績優良。他培養的楊珠玲、黄雅妹、嚴潤梅分别奪得該國各項冠軍寶座。

邵善康四十五年武壇生涯中，弟子不下三千，賢者何止七十二。有上海市體委黨委辦公室副主任、上海武術館館長紀光宇；有全國南拳冠軍，上海市武術館武術研究辦公室主任馮如龍；有全國奪得四次冠軍的上海市體育運動技術學院教練俞吉元；有全國三次奪冠的上海武術館教練郭佩；有獲兩項全國第一今在荷蘭開武館的施梅林……

他以教練與慈父雙重身份，培養了一對武林兒女——邵英珠和邵英兼。弟弟英兼三次奪冠於全國比賽中，還被上海電視台選中，在《三俠五義》電視劇中擔任主角白玉堂，獲得轟動效應。姊姊英珠全國比賽兩次奪魁，中日第二、第三届太極拳比賽中兩奪第一，第二届亞洲武術錦標賽上獲兩項冠軍和全能亞軍。姊弟二人雙雙榮獲國家武術運動員最高級别——武英級（健將級），大上海僅三人有此級别，而邵氏家屬占了三分之二。邵善康的雄風後繼有人，他還胸懷鴻鵠之志，培養下一代，使他黄金年華的運動賽圈，達到了“梅開二度”的延續，既光耀了門庭，又爲上海和國家争得了榮譽。

綿延發展幾千年的中華武術除强筋壯骨之外，還有殺敵御外的軍事作用。由於科學的發展，目前冷武器時代已成過去，但仍不失防身自衛的技擊功效。而且不少人强烈要求武術家的真功夫，僅指掌握攻殺技藝精湛而已。

“醉拳王”邵善康的真功夫，對最講究“武運長久”的日本武士們深有體會。1965 年邵善康在北京集訓，準備出訪印度尼西亞，他擔任教練時，有一隊日本空手道代表團到集訓地進行交流，他們表演了排打、拳擊、掌插、足踢木板等暴力發動劈打的動作，使三塊松木板當場一分爲二，以顯示自己的威力。集訓隊表演的刀、槍、劍、棍在他們看來不過是“花拳綉腿”，中看不實用。因此這些人出言不遜，要與我國運動員交流擒拿術。他們是有段位的高手：全日本少林寺流空手道連盟會長保勇八段是團長，全日本少林寺流空手道連盟樹部長池龜虎夫六段是教練，全日本少林寺流空手道連盟理事池田奉秀是四段。幾名注重武藝演技的運動員自然不是日本武士的對手，這使他們更加狂妄。國家體委毛伯浩處長暗暗吃驚，只得叫邵善康出場，邵用小纏（金絲纏腕），使四段和六段都無法抓住手腕，這二人的手腕反被邵善康用反擒拿法抓了個嚴嚴實實。出於禮節邵并未作更大反擊，只是用了個站桩讓他們推，血氣方剛的池田奉秀用力去推邵的小腹，相持一分鐘未能推動。教練池龜虎夫繼續去推，只見他用盡了吃奶的氣力，滿面憋得通紅，豆大的汗珠直往外冒，仍未能移動邵善康一步，足足迸了兩分來鐘也敗下陣來。邵善康神態自如地站好一個三體式樁，準備保勇八段來推。可是這位團長拍拍邵的肩膀問：“像你這樣的好武士，中國有多少？”邵淡淡一笑道：“在場比我好的有的是。”保勇等人深深一鞠躬後匆匆離去。

1982 年 4 月邵善康在日本京都太極拳協會教拳，日本教練剛田伸行提出要研究推手，邵一發勁他竟跌出二公尺外的墻脚邊，使那位先生佩服至極。

同年 5 月邵在日本大阪教學，日本運動員氏杯正純來推手，也被邵一個擺纏動作纏倒在地板上。

1990年在馬來西亞柔佛洲新山地區教學，有位開布莊的老闆身高力大，膀圓腰粗，以請教爲名，邊講邊動手，上來即叉喉。邵用捌手化勁格開進招，然後發勁把對方擊出，旁觀者衆多，因他自知禮虧，悻悻退去。

國内武林同道向邵善康"請教"者更多。邵以退避爲主，實在無法，也以點到爲止，而且秘不告敗者名姓，以免引起不必要的誤解。

1978年在湖南湘潭邵善康帶隊參加全國武術比賽，報到當晚十二時，他已經睡下了，北京隊教練吴彬（李連杰之師）硬拉他去推手，説是研究太極拳。他睡眼朦朧地跟着到對方房間，却是河南陳家溝赫赫有名的陳式太極拳高手，在推辭不了的情况下，邵運用五拳合一的獨特功勁一搭手就把對方推在鐵床架上，第二次對仗又把對方逼得手扶床板才不致於倒下去。在場的除吴彬外，還有湖北江漢大學教授安天榮等多人，一時傳爲佳話。至今邵善康不肯告訴這位"君子斗"中敗北者的名姓，因爲他與邵善康還是好友，足見邵的高尚武德風範。

電影《少林寺》放映後，全國掀起"武術熱"，不少青少年離鄉背井四处求師學武。邵善康接連收到二百多封要求拜師的信件，他都一一熱情地諄諄勸導。還有不少求師心切的"武術迷"們，千方百計打聽到他的住地，一進門就跪下磕頭要求拜師。邵總是良言相勸，并解囊贈送盤費。一位河南新鄉縣的王必銀就是慕名投奔，途中失銀，困急客店，進退兩難的典型。邵善康帶了食品衣物，帮此人付清欠款代買車票，送他回家，如今這人已練成相當功力，終不忘名師指點迷津之恩。

邵善康自1961年起，在武壇上傳教三十多年，頂住了前幾年的"黑色旋風"——送禮、開後門之風。他從不收受學生一分餞，因此堂堂大上海武術隊總教練，只落得"兩袖清風，一身正氣!"

黨和人民并未忘記這位武術事業上的功臣。1960 年 5 月被評爲上海市體育系統先進工作者；同年又被評爲上海市文教先進工作者；1977 年評爲上海市體工隊先進個人；1985 年國家體委授他新中國體育開拓者榮譽獎章和榮譽證書；1988 年國際武術節組委會授予他武術貢獻獎；1990 年第十一屆亞運會上榮獲榮譽獎狀；1991 年授予他上海市優秀教練貢獻獎。

邵善康并未因此而固步自封，他却揚武舉文，著書立説，對傳統的《醉八仙》拳進行了卓有成效的研究和改革，創編了譽滿中外的邵氏《醉拳》，以及他的冠軍拿手套路《關東拳》。又曾爲《中國大百科全書·體育卷》中撰寫武術條目，還參加 1969、1970 年《上海市中小學武術教材》和歷年來的《武術競賽規則》編寫，以及在報刊、雜志上多次撰文。

他的爲人之道是“拳如其人”，畢生精力研究的邵氏醉拳，不只在拳壇閃耀着奇光，在人生旋律中同樣也光彩照人，他的品行無不順着醉的軌迹在運轉，可以歸納爲“尊、謹、耐、守、誠、扶、隱”七字之中。

“尊”即尊師。“無師無善康，無師無醉拳”，邵善康不敢有片刻忘記五師之教誨，除五師之外，凡教過他一招一式指點過他一言一行者，均爲他師，未敢相忘。

“謹”醉拳看似摇摇晃晃失去重心似地“站立不穩”，其實這是運用“有意莫帶形，帶形必不贏”的戰術，給對方以假象，使對方産生輕敵驕傲。而在誘敵的反思中，包含自己要處處謙虛謹慎的内在精神。

“耐”要吃苦練醉拳！練拳者最要緊者莫過於吃苦耐勞。千錘百煉才能練得一身金剛之軀，在人生的旅程中，莫不曲折、坎坷，經磨歷劫後方可逢凶化吉，遇難呈祥。

“守”醉拳在羈脱奔放之中嚴守身正步穩，不放不成其醉拳，不守不成其拳法，在仕途旋律中，邵善康奉公守法，廉潔盡職，才有今天之榮耀。

“誠”形體動作要由心態來指揮，心動則形隨，練醉拳如此，處世哲學亦然如此，對友赤誠相交，心口如一，才稱得上是仁誠君子。

“扶”醉拳中有許多動作有化險爲夷，反敗爲勝。人生中扶弱攻強，除暴安良是古今武術家應有的風度。

“隱”身懷絶技而不外露，急流勇退，讓後輩挺進，大智若愚，不鋒芒畢露是醉拳的獨特風格。邵氏外形温良恭謙讓，内備精藝絶技，爲後世作出了榜樣。

這“尊、謹、耐、守、誠、扶、隱”七字真經是邵善康的人生哲學，醉拳中的精華，也是他的成功之道，更是武術愛好者學習醉拳的綱領。

目前，邵善康仍在爲中華武術走向世界不懈地努力奮鬥着，但願他能獲得更大的成果！

# 一　醉　　拳

# 醉拳的特點

醉拳"形醉意不醉,步醉心不醉"。跌、撞、顛、摔的醉態中,暗藏着勾、絆、纏、蹬等體法,挨、撞、貼、靠等打法,沾、随、靠、化等戰術。醉拳有着它獨特的技擊法則。玆將其特點簡述如次:

**(一)樁法**

由於醉拳的提足拔跟,對腰肌、股四頭肌、小腿三頭肌以及足踝關節力量要求較高,所以必須練習樁法,以增强這些肌肉和肌腱的力量。樁法分爲静、動兩種。

1. 静樁

(1)立樁(提足立樁)

兩足開立,寬與肩同,脚尖略内扣,兩手叉腰,兩脚跟離地,以脚掌着地(圖 1-1)。

要求:

鬆静自然,竪項含頦,鬆肩沉肘,上體正直,兩膝挺直,脚掌着地,兩目平視前方。

(2)坐樁(提足四平馬樁)

兩足開立,足尖微内扣,寬約爲本人身高的二分之一,屈膝半蹲,髖關節略高於膝,兩手胸前圓抱,手心向裹,手指相對,兩脚跟離地,雙目平視前方(圖 1-2)。

要求:

鬆静自然,上體正直,含胸斂臀,鬆肩沉肘。

(3)獨立樁(提膝獨立樁)

一腿提膝,一腿直立,脚跟離地,雙手抱拳置於腰兩側,拳心向上,雙目平視前方(圖 1-3)。

要求:

圖1-1

圖1-2

頂頭、豎項、挺胸、斂臀、提氣。

2. 動樁

(1) 左右擰轉樁

兩脚交叉，脚距同肩寬，脚尖向前，兩手叉腰，兩脚跟離地，以脚掌碾地，上體向左右擰轉(圖 1－4)。

要求：

上體擰轉時，體態要保持鬆静自然，豎項含頦，鬆肩沉肘，上體正直，兩膝挺直，左右腿交叉時要緊貼，脚掌着地，雙目平視前方。

圖1-3

圖1-4

（2）前後擺樁（端杯勢擺樁、捧杯勢擺樁）

兩脚開立，脚尖微内扣，寬約爲本人身高的二分之一，屈膝半蹲，髖關節略高於膝，右臂前舉，右手爲握杯拳，左於後撩爲鈎手，目視右拳，兩脚跟離地，上體前俯後仰，來回擺動，站成“捧杯勢擺樁”（圖 1－5、圖 1－6、圖 1－7）；也可成“端杯勢擺樁”（圖 1－8、圖 1－9、圖 1－10）。

要求：

鬆静自然，鬆肩沉肘，上體前後擺動幅度由小到大，兩脚跟不要着地。

圖1－5

圖1－6

圖1－7

圖1－8

圖1-9

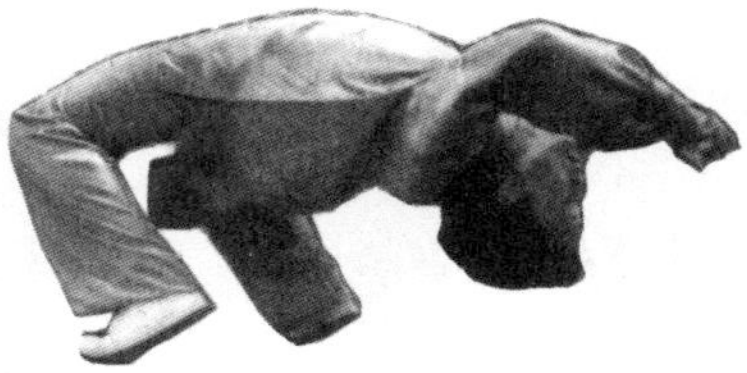

圖1-10

（二）眼法

1. 視

正面注視。全神貫注，視綫集中於一點上，如猫捕鼠的一瞬間，眼神無絲毫攪動。

2. 瞧

正面看近處，眼神不要看得太遠。

3. 瞄（藐）

用眼斜着看，其中包含着藐視的意思。形似藐視對方，給對方一種假象，實際是在提防對方的一舉一動。

4. 瞟

很快地看一眼。漫不經心，迷惑對方視覺。

5. 痴

眼神發呆，給人一種反應非常遲鈍的感覺，這也是一種迷惑對方的方法。

6. 乜

眯着眼睛往斜下方向很輕率地看，蔑視對方。

（三）身法

主要有起、落、進、退、挨、撞、肘、靠等方法。腰是貫通上下肢體的樞紐，也是運用身法的關鍵，必須與手法、步法有機地融合在一起，使之隨勢而動，隨形而變，以表現出獨特的醉形、醉態的風格。

（四）勁法

1. 沾

用手、臂、肩、肘等部位接觸對方，憑本體感覺體察對方用力方向，來確定應變方法。以求做到人不知我，我獨知人。

2. 貼

以手臂接觸對方身體的任何部位，隨對方的動作而用力，即不頂不丟。

3. 鑽

手臂接觸對方後，即以螺旋形動作鑽入對方勁隙。

4. 引

如對方擊我，我則順引對方勁路，化對方的勁力，使之不能近我身。

5. 切

引勁之末，當對方將要收勁的一瞬間，用"切"法控制住對方。

6. 領

將對方之勁領向直上，我勁在彼勁之上，使對方氣浮根虛，進而挫之。

7. 提

將對方之勁上提，使彼勁在我勁之上，進而截擊。

8. 沉

氣往下沉，貫於周身，使我勁蓋在彼勁之上。

9. 借

乘彼之勢，借彼之力，控制對方，使其因失去重心而跌出。

10. 發

周身完整一氣，勁聚於一點，將勁向對方透出。

**（五）技擊法**

醉拳的技擊特點是寓拳法於醉形、醉態之中，并以此迷惑對手。在技擊的過程中，要求"形醉意不醉，步醉心不醉"，手睫眼快，步醉身活，剛柔相濟，動作的運行要求快速靈活，以迅雷不及掩耳之勢，將對方擊敗。正如拳經曰："地龍真經，利在底攻，全身練地，強固精明，伸可成屈，住亦能行，屈如伏虎，伸比騰龍，行往無迹，伸屈潛踪，耳堅如鐵，法密如龍，翻猛虎豹，轉疾隼鷹，倒分前後，左右分明。"其技擊的基本原則是：

1. 虛守實發

所謂虛實，主要是指部位的虛實、重心的虛實和勁路的虛實。假設我擊對方時，通過沾、貼、切等方法，體察到對方的勁路變换方向，則按"虛者必守、實者必發"處理。

2. 逢擊而避

若對方擊我，我應體察其勁路走向，避其鋭勢。假設對方拳擊我頭部，我即以碾步、擰腰、側身、轉頭等法避開。

3. 乘隙而入

假設對方拳擊我身上部，我以側身避之。而對方的擊拳其形已露，從勁路上講，對方舊勁已完，新勁未接之際爲勁隙，我乘隙而擊之，使對方難以防守。

4. 指東打西

將對方的注意力引向一點，然後由其他的側面出其不意地進行攻擊，待對方發覺時其敗勢已難以挽回。

另外，醉拳在演練的過程中，還分微醉、顛狂醉、爛醉和醒酒等。它是將套路動作的幅度、勁勢的輕重緩急和眼神的多種變化，融合在跌、撲、滾、翻等地趟動作中，并貫穿整個套路中。

# 醉拳的訓練

醉拳是技術複雜、難度較大的一種拳術，但其一招一式是有一定的規律的。掌握規律進行訓練則會事半功倍；隨心所欲、急於求成，也難免傷筋動骨。所以訓練一定要遵循科學的訓練原則。

**（一）注重基本勁的訓練**

醉拳訓練，要求先練習和掌握長拳的一些基本功和初級套路，以增强柔韌、速度、力量、耐力等身體素質和掌握手型、步型、跳躍、翻轉、平衡、協調性等基本技術，打下較好的武功基礎；其次，需要搞清楚：學會長拳并不等於就能練好醉拳。這是因爲，長拳在手眼身法步以及功架、體勢、行步、轉換等方面與醉拳是有着很大的差别和不同的要求，表現在：

1. 長拳在造型上講究形體工整，姿勢均衡，行步轉換要方圓規矩，動作變化要五體對稱，勁力要脆直，而醉拳的造型却常以半傾半斜、似倒非倒，以側取勢爲主；行步時要點、碎、跌、衝；身體轉換要擰、旋、擺、轉、前俯後仰；勁力要沾、帶、纏、彈，從中體現出如痴似醉，狂放不羈的藝術風格。

2. “掀脚拔跟，自立不穩。”這通常是長拳所忌。但醉拳則利用“掀脚拔跟”來體現點、轉、碾、旋的踉蹌醉態的。看起來似乎摇摇晃晃失去重心“自立不穩”了，其實這是運用“有意莫帶形，帶形必不贏”的戰術，給對方以假象，出其不意而攻之，乘其不備而擊之，使對方防不勝防而被擊倒。醉拳還能在失勢的瞬間變换動作，以新的形態取得將失去的重心，在動中取勝，在動中求穩，這是其他拳種所没有的。

3. “眼爲心之苗。”長拳在演練中，要求眼到手到，醉拳在手和眼的運用中，往往要求并不一致，它經常用視、瞧、瞄、瞟、痴、乜等眼法來迷惑對手，以轉移對方的注意力，進而擊之。

**(二) 行拳要求及追求**

1. 因勢象形

醉拳中的一切醉形、醉態都是由迎東擊西,指西打東,隨擊而化,乘隙而入的閃、展、騰、挪的拳勢所形成的。在練醉拳時,首先要理解動作的技擊意義,是閃是避,是靠是化、是沾是隨、是刁是拿,然後,通過刻苦鍛練去一一掌握,并把它們在運動之中充分表現出來。技擊意義是動作的內在精神,而醉形、醉態是動作的外表形象,這兩者要有機地融合在一起,演練中切不可一味地追求酩酊大醉的形態,而忽略了技擊含意。要使醉拳達到醉中有拳和拳法似醉的境地,才爲好拳。

2. 心動形隨

醉拳既要表現出酒醉的形態,又要有技擊的含意,要求身、心都必須參與一起活動。形體動作是由心志來指揮的,心動則形隨,它需隨着內心意識的活動而活動。只有在內外合一的活動下,醉拳才能達到醉中有拳,拳法似醉,形神兼備的意境。

3. 守放有序

醉拳的脚步踉蹌,身體隨活,很容易產生步亂身搖的毛病。我國武術講究手法、眼法、身法、步法,而"手、眼、身、法、步"都有一定的規矩,醉拳必須在羈脱奔放之中,嚴守身正步穩的要求。演練中,不管身軀再怎麽偏斜,但自頭頂至尾閭,始終要保持正直。正要正直,斜也要斜直,不可歪曲。脚步再怎麽醉,但總要一步一個地方,不可隨便亂踩,雜亂無章。練醉拳既要放,又要守。不放不成其醉形,不守不成其拳法,一定要在奔放之中嚴守規矩。

4. 筋骨遒勁

醉拳的體勢雖呈柔綿,但其动作勢式在柔綿之中還需有筋骨,有遒勁。一招一勢都要擅於運用身體和四肢肌腱韌帶的極力伸縮而處在繃勁狀况之下,使動作勢式暗持劍拔弩張似的遒勁。而這種遒勁又和一般的拳術不同,它只需內斂,不宜外揚,必須是柔中含剛,綿裹裹針。

5. 順勢跌撲

醉拳一般離不開跌撲動作,在醉拳裏跌撲動作可分佯跌、硬跌、化險跌三種:

(1) 佯跌是誘敵制敵的地趟摔法。它以佯裝跌倒之勢,用地趟摔法的招數將對方摔出。

(2) 硬跌是訓練身體和内臟器官能够經受得住任何跌、磕、碰、摔的跌撲動作。

(3) 化險跌，則是運用武術的“以身帶步”的技法，故意使身體失去重心造成傾倒之勢，而後就在倒地的一瞬間，化險爲夷，緩衝了跌勢。用於被對方摔出時能緩衝跌勢，避免受傷或摔倒。

在醉拳裏，這三種跌撲都必須是隨着醉形、醉態的趨勢（也就是拳法的趨勢）而順勢跌出。這樣，才能喚作酒醉後的醉跌，否則就不稱其爲醉拳的跌撲了。

**（三）循序漸進**

當你領會了醉拳的要求，掌握了長拳的一些基本功和初級套路，并且搞清楚了長拳與醉拳的差異和不同的要求後，接下來就可分三個階段進行醉拳的學練了。

1. 基礎階段

掌握好醉拳的基本要領，學好基本動作，使三型三法（手型、步型、身型、和手法、步法、勁法）與醉拳獨特的跌撲滚翻配合一致。在逐步增强力量、速度、柔韌性等身體素質的基礎上，多練樁法和跌摔等地趟功夫。

2. 提高階段

要做到身、眼、頭、肩、肘、手、腰、胯、膝、足的協調，以首領身，以肩摧肘，以肘摧手，以腰摧胯，以胯摧膝，以膝摧足，周身渾然一體。

3. 形意合一階段

在前兩個階段的基礎上，將意識、動作高度結合，形神融化爲一，做到意領身隨，意到手發。在動静、剛柔、虛實化方面充分表現出“變”的“形意合一”的特征。

上述醉拳練習的三個階段，是一個由基礎到熟練，再由熟練到精巧的提高過程。然而，這種提高又是循序漸進的。初學者要扎扎實實打好基礎，對每個動作以及要領、要點、方法等要做到細心揣摩，認真領會，一招一式務求正確無誤，然後再求其發展，以達到爐火純青的高深技藝。

# 醉拳的基本動作

## (一)手型

1. 拳

四指并攏、卷緊,拇指壓於食指、中指第二指節上。拳包括拳心、拳面、拳背、拳眼、拳輪五個部分(圖 1-11)。

要求:

握拳要緊,手腕要直,拳面要平。

2. 掌

四指并攏伸直,拇指彎屈緊扣於虎口處,掌包括掌心、掌背、掌指、掌根、掌外沿五個部分(圖 1-12)。

要求:

立掌時,手腕要背屈,手指伸直。

圖1-1

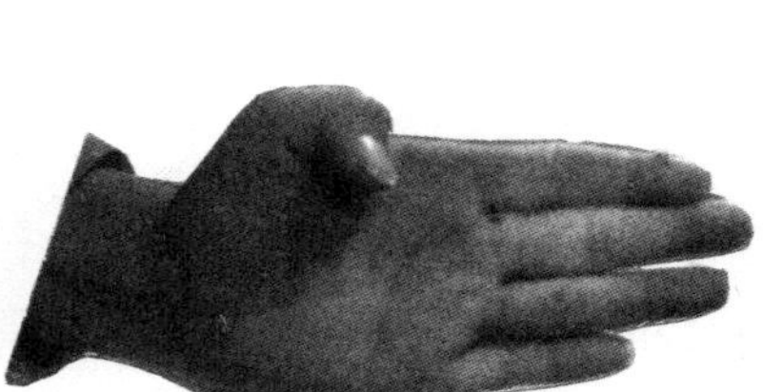

圖1-12

3. 劍指掌

食指、中指并攏伸直,無名指、小指自然內屈,大拇指壓於無名指第一指節上(圖 1－13)。

要求:

食指、中指挺直夾緊,手腕要直。

4. 鈎

五指第一指節捏緊、撮攏,屈腕。鈎包括鈎頂、鈎尖、鈎背三部分(圖 1－14)。

要求:

成鈎時,腕部要屈、緊。

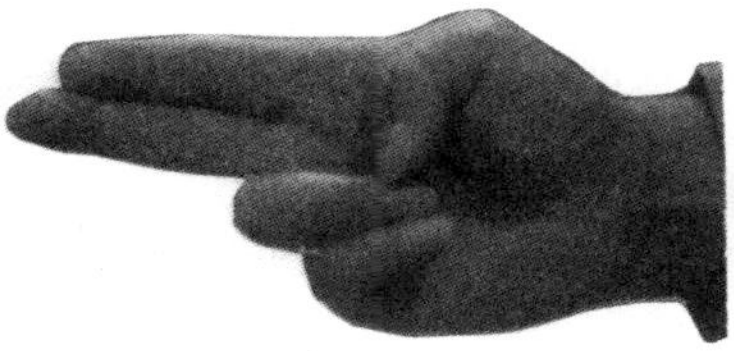

圖1-13

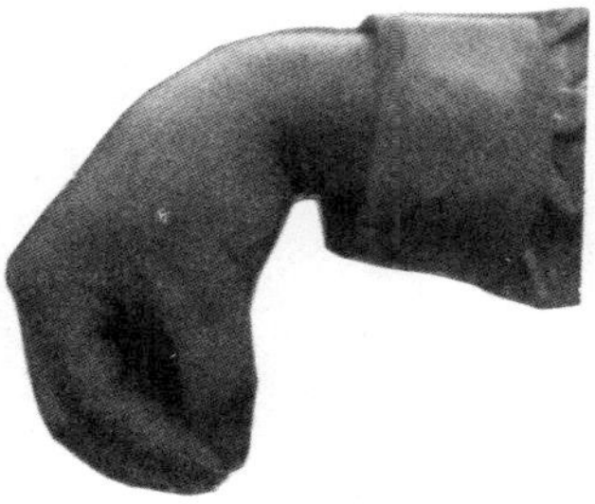

圖1-14

5. 握杯拳(又名頂心拳)

中指、無名指、小指卷屈握緊,拇指和食指張開略屈成蟹鉗狀(圖 1－15)。

6. 鳳眼拳

中、無名指及小指卷屈握緊,拇指和食指相抵,虎口成扁平狀(圖 1－16)。

**(二) 手法**

醉拳的手法主要有點、蓋、劈、插、刁、拿、採、扣等。如"握杯拳"以點拳爲主。手法包括點、擊、掐、闖、壓、格、帶、纏等。

1. 點

用時拇指和食指相抵,虎口成扁平狀(又名鳳眼拳),力點達於食指的第二指節,放和收的速度都很快,擊打對方的頭、面和胸部。

2. 擊

力點與“點”相同，但勁力放長，以擊打對方頭、面、胸、襠等部。

3. 掐

拇指和食指相扣，以掐對方的喉結。

4. 闖

力點達於食指上部，擊打對方的下頷或襠部。

5. 壓

力點達於拳輪，順壓對方。

6. 格

左格力點達於掌根，右格力點達於手腕的外側。

7. 帶

力點達於掌根和掌緣，隨對方動作而左、右、後帶。

8. 纏

順對方的動作來勢，邊纏繞邊前進或後退。

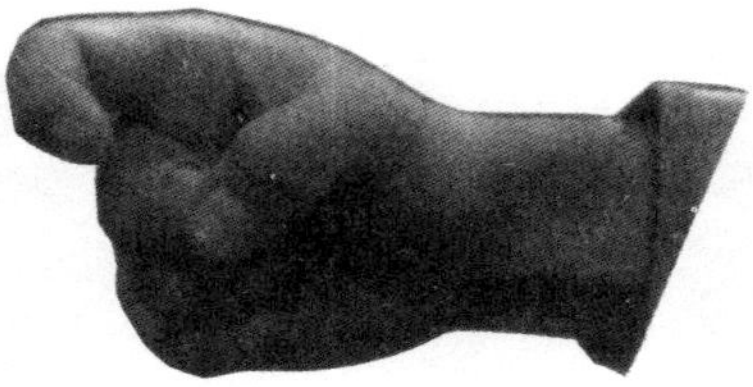

圖1-15

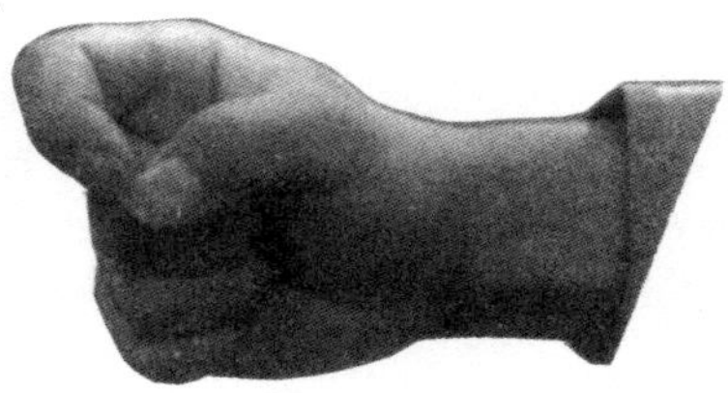

圖1-16

## （三）步型

1. 弓步

一腿向前跨出一大步，約爲本人脚長的 4～5 倍，前脚尖微内扣，全脚掌着地，屈膝半蹲，大腿接近水平，膝部與脚尖垂直；另一腿挺膝伸直，脚尖内扣斜向前方，全脚着地。上體正對前方，兩拳收抱於腰間，雙目向前平視。左腿在前者爲左弓步（圖 1－17），右腿在前者爲右弓步。

要求：

①上體要挺胸、收腹、直腰，目向前平視。

②前腿弓，後腿綳，前後兩脚在一直綫上。

③後腿切忌彎曲，脚跟勿離地或外翻。

2. 馬步

兩脚左右開立，約爲本人脚長的 3～4 倍，脚尖均正對前方，屈膝半蹲，大腿接近水平，兩拳收抱於腰間，雙目平視前方(圖 1－18)。

要求：

①挺胸、收腹、直腰、脚跟外蹬。

②重心落於兩脚之間，膝不超過脚尖。

圖1－17

圖1－18

3. 仆步

一腿半蹲，大腿和小腿靠緊，臀部接近小腿，全脚着地，膝與脚尖稍外展；另一腿平輔接近地面，全脚着地，脚尖内扣；兩拳收抱於腰間；目向前平視。左腿平輔爲左仆步(圖 1－19)。右腿平輔爲右仆步。

要求：

挺胸、直腰、沉髖，上體不可前俯。

4. 虚步

兩脚前後開立，後脚外展 45 度，屈膝半蹲；前脚跟離地，脚面綳平，脚尖稍内扣，虚點地面，膝微屈，重心落於後腿上；兩手抱拳於腰間；目向前平視。左脚在前爲左虚步(圖 1－20)，右脚在前爲右虚步。

要求：

①挺胸、收腹、直腰、虛實分明。

②左腿稍內旋，脚尖斜點地面。

③右膝不可過分外展。

5. 歇步

兩腿交叉靠攏全蹲，前脚全脚着地，脚尖外展，後脚前掌着地，膝部貼近前腿外側，臀部坐於右腿接近脚跟處；兩手抱拳於腰側：目向前平視，左腿在前爲左歇步（圖 1－21），右腿在前爲右歇步。

要求：

挺胸、塌腰、兩腿靠攏貼緊。

圖1-19

圖1-20

圖1-21

## （四）步法

1. 提步

一腿伸直站穩，一腿屈膝提起於身前，小腿斜垂裏扣，脚面綳平并内收，或一腿微屈站穩，另一腿體前屈膝提起近胸，小腿垂直，脚尖鉤起。

2. 落步

一腿伸直站穩，另一腿由提步下落，以脚尖虚點地面，身體重心落在後脚。

3. 進步

一脚向前進步，重心隨之向前移動。

4. 撤步

一脚向後退，重心隨之向後移動。

5. 碎步

兩脚連續向前進步，步幅小，速度快。

6. 擊步

兩脚前後站立，以後脚擊碰前脚，使兩脚騰空，然後落地。

7. 碾轉步

隨動作所需，以兩脚掌着地碾轉。

8. 插步

一腿經另一腿後横邁一步，兩腿交叉。

9. 蓋步

一脚蓋於另一脚之前，兩腿交叉。

10. 旋轉步

一腿挺膝直立，脚掌着地，脚跟提起；另一腿屈膝提起，向左（右）平面旋轉。

11. 跛脚步

即連續蓋步，身體重心始終在蓋步的前脚上。

12. 梅花步

步法的落點形似梅花。

13. 隨形步

隨着上身擺動和身體重心的移動，而使步法和身形擺動達到協調一致。在狂醉中可用此步法，要求外形奔放，内意嚴正。

# 醉拳動作名稱

第一段
預備勢
1. 虛步叉掌
2. 提膝雙鈎手
3. 并步握拳
4. 并步雙分掌
5. 提膝斟酒勢
6. 并步砸拳後空翻
7. 跪步斟酒勢
8. 仰身飲酒勢
9. 前滾翻騰躍盤腿跌
10. 烏龍絞柱
11. 鯉魚打挺
12. 仰身飲酒勢
13. 踉蹌步仰身飲酒勢
14. 踉蹌步拐肘仰身勢
15. 頭翻前摔背
第二段
16. 頭地趟轉
17. 鯉魚打挺
18. 栽碑(屈肘前傾跌)
19. 撲地蹦
20. 穿腿坐地
21. 鯉魚打挺
22. 後撲虎
23. 穿腿坐地
24. 鯉魚打挺
25. 弓步端酒勢
第三段
26. 仆步穿拳仰身飲酒勢
27. 撥浪子(側空翻)
28. 提膝斟酒勢
29. 提膝仰身飲酒勢
30. 撥浪子(側空翻)
31. 提膝斟酒勢
32. 提膝仰身飲酒勢
33. 單足躍障(跳門檻)
34. 前滾翻單腿踹
35. 醉臥勢
第四段
36. 後挺身滾翻
37. 後栽碑
38. 烏龍絞柱
39. 仰身飲酒勢
40. 踉蹌步仰身飲酒勢
41. 倒叉步仰身斟酒勢
42. 旋子
43. 前掃腿蓋步側摔
第五段
44. 鯉魚打挺

45. 仰身飲酒勢
46. 踉蹌步側摔
47. 爛醉争飲勢
48. 肩手頂
49. 鯉魚打挺
50. 蓋步端酒勢

第六段

51. 提膝端酒勢
52. 旋風脚騰空側跌
53. 烏龍絞柱
54. 提膝斟酒勢
55. 退步按拳

收勢

## 第一段

### 預備勢

面南[1]立於拳場西端，兩腿伸直，兩腿靠攏；兩臂垂於身體兩側，兩手五指并攏貼在腿側，成立正姿勢(圖[2] 1－22)。

要領：

頭要端正，下頦内收，目向前平視；挺胸直背、鬆肩，兩臂自然下垂；全神貫注，神情安舒。

### 1. 虛步叉掌

(1) 右脚上步，脚尖微外撇，兩手向胸前屈肘抄起，五指内屈，手背相對，手心向身裏(圖 1－23)。

(2) 上動不停，兩手向下、向兩側直臂分開至斜舉部位，拇指外側朝前，掌指朝下；同時，左脚向前上步，以前脚掌虛沾地面(圖 1－24)。

(3) 上動不停，右腿屈膝半蹲；左腿隨之屈膝半蹲，身體重量落於右腿，成虛步站立；兩手在兩腿屈膝的同時，從兩側下方向上、向胸前屈肘抄起，至胸前時，兩手屈腕成側立掌錯臂交叉，右掌在外，左掌在内；兩掌小指外側朝前，掌指朝上；目向前平視(圖 1－25)。

要領：

①右、左脚上步，必須和兩手屈肘抄起、

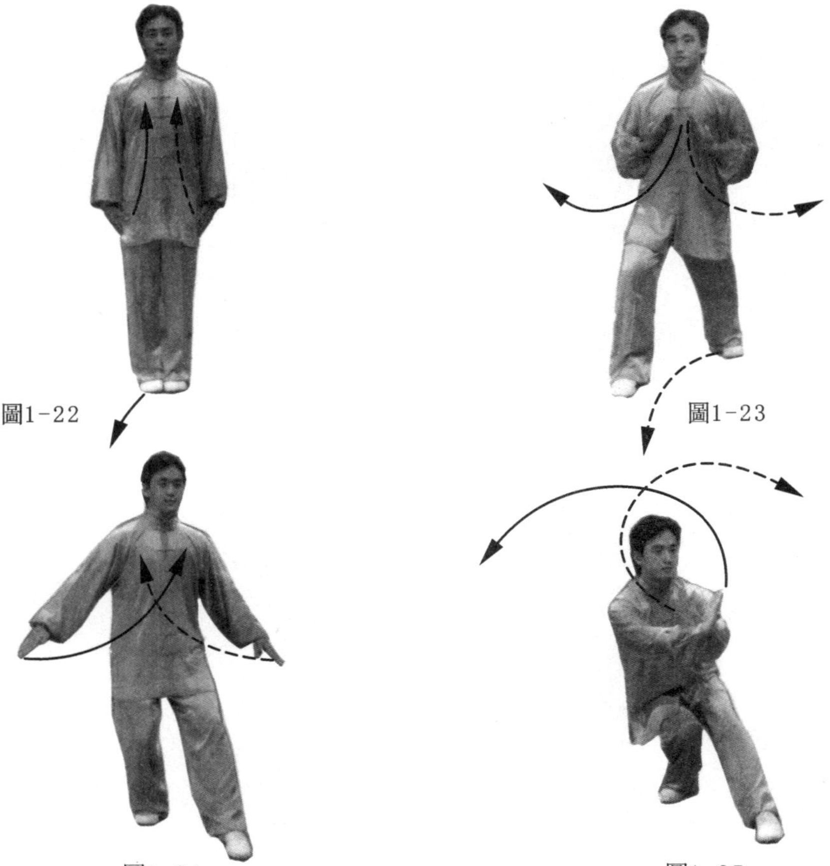

圖1-22 圖1-23 圖1-24 圖1-25

直臂分開動作協調一致；屈膝半蹲構成虛步，必須和兩掌錯臂交叉動作協調一致。

②虛步站立時，兩腿虛實要分明，右腿儘量做到 90 度半蹲，左脚僅以脚前掌虛着地面；兩肘要平，兩掌掌指高與肩平；兩臂屈成環狀，兩肩鬆沉。

**2. 提膝雙鈎手**

兩掌從胸前向上、向兩側直臂弧形分開，至平舉部位時，五指撮攏成鈎手，鈎尖朝下；右腿隨之直起站立，左腿屈膝在身前提起，脚面繃平；頭左轉，目向左側平視（圖 1－26）。

要領：

右膝部挺直，左脚底貼近右腿膝部上方；兩肩稍向後張展，兩鈎手稍高過肩，上身保持正直，右脚抓地站穩。

**3. 并步握拳**

（1）頭右轉，目向前平視；抬左腿向前屈膝落步（圖 1－27）。

（2）上動不停，右脚隨即向前上步，右腿隨之屈膝，左腿伸直（圖 1－28）。

（3）上動不停，右腿直起，左脚從後向前上步與右脚并攏靠緊；兩腿伸直；兩臂側平舉，兩手變鈎手，鈎尖朝下（圖 1－29）。

注：

①圖解中拳場方向定爲：上北下南，左東右西。這裏的“面南”即是對拳場方向而言。

②圖中實綫表示右手（右手持器械）和右脚下一動作的路綫；虛綫表示左手（左手持器械）和左脚下一動作的路綫。頭部動作路綫用實綫表示。

圖1-26

圖1-27

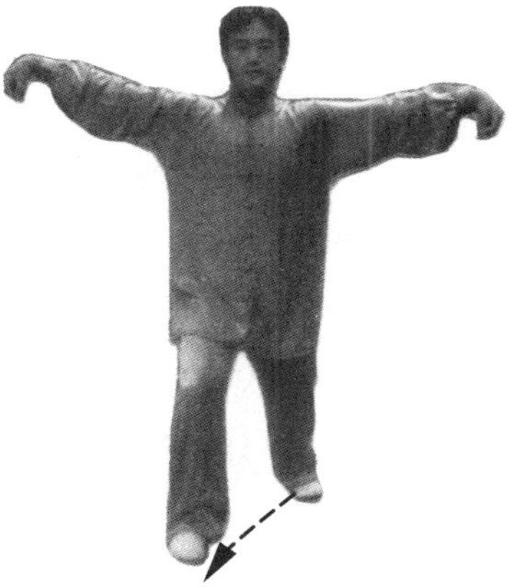
圖1-28

圖1-29

（4）上動不停，兩脚并步站立，兩鈎手變拳握緊，拳心朝下（圖 1－30）。

要領：

①左脚向前落步時，頭要先轉向正前方。

②并步兩腿要靠攏，上體要挺胸、直背、收腹，兩肩下沉，兩拳握緊，拳腕平直。

**4. 并步雙分掌**

（1）兩拳變掌，從左、右兩側向下、向身前、向上屈肘抄起，至胸前時兩臂交叉，右臂在外，左臂在内，掌指均朝上，小指外側均朝前（圖 1－31）。

（2）上動稍停，兩掌從胸前向兩側直臂弧形分開平舉，掌指均朝上；頭左轉，目視左掌（圖 1－32）。

要領：

身體保持正直，兩肩下沉，掌指高與眉齊。

**5. 提膝斟酒勢**

（1）右手直腕掌心朝下，從右向前直臂平擺，至前方時屈肘使小臂向左平擺；左臂屈於胸前，掌心朝下，相應地從左向下屈肘使小臂下垂，向身前上抄，掌心變向朝上；兩掌掌心相對，在身前如端物狀（圖 1－33）。

（2）上動不停，以左脚掌爲軸向左轉身 270 度；右脚離地提膝，脚面綳平，隨上身轉動：右臂内旋屈肘舉至頭頂上方，掌心朝上，在上身轉動中，續向後、向右直臂平擺轉動，掌心始終朝上；左掌在上身開始轉動時，由身前向前、向上身左側直臂平擺，在上身轉動中隨身

圖1-30

圖1-31

圖1-32

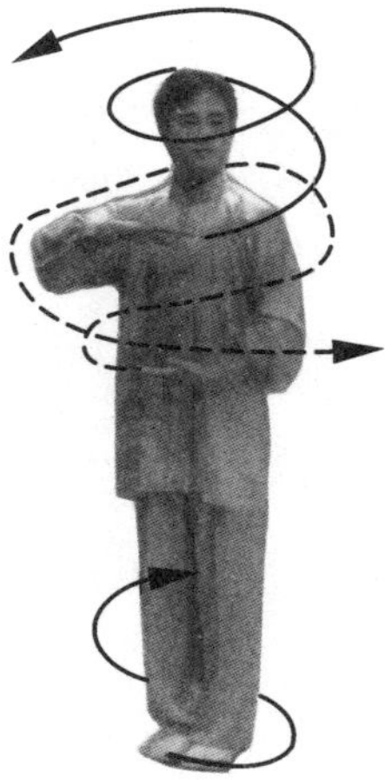

圖1-33

轉動，掌心朝上（圖 1－34）。

（3）上動不停，上體續轉 45 度至面西南方時，右掌續向身前平擺轉動，至身前屈肘收至右腰側，掌心仍朝上；左臂内旋，左掌拇指外側朝上展開，其餘四指稍屈；目視右下方（圖 1－35）。

（4）上動不停，上體續轉 45 度至正南方，右脚在左脚内側踏步震脚，右腿伸直，左脚隨之向身側踢起，脚尖上翹，膝伸直；同時，左手五指自然并攏，拇指朝上；目視左掌（圖 1－36）。

（5）上動不停，左腿屈膝提於身前，左脚脚面綳平；左手中指、無名指和小指屈曲，使食指和拇指屈成圓環狀成握酒杯勢，小指外側朝下，屈肘使左手收於胸前；右掌隨之向後、向上直臂弧形繞環，至上方時屈肘、屈腕，掌心朝下，無名指和小指屈曲，拇指外展，食指和中指并攏伸直向下指向左手；目向前平視（圖 1－37）。

要領：

①動作連貫，切忌分割中斷。

②右掌在頭頂平擺轉動和左掌向左平擺，必須與轉身的動作同時進行。

③前踢腿，高度略超過腰，踢腿後即屈膝提至身前。

④“握杯拳”的拇指和食指要屈成圓形。

⑤提膝之後，右腿必須伸直，左腿儘量屈膝高提，立穩。

圖1－34

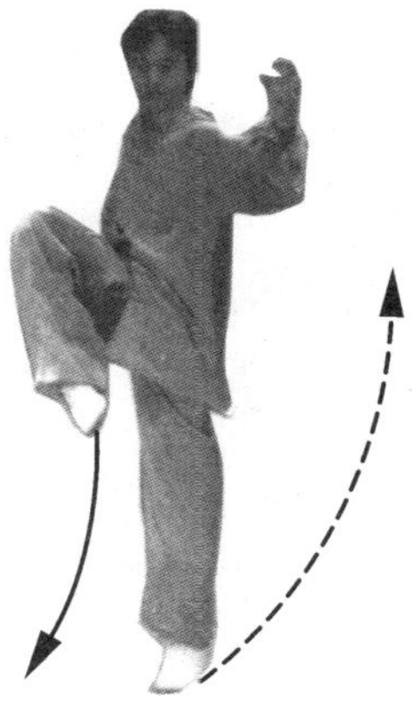

圖1－35

圖1－36

圖1－37

### 6. 并步砸拳後空翻

(1) 左脚下落於右脚内側成并步，右鈎手變拳屈臂用拳背向下砸於左掌心，拳心朝上；同時，兩腿屈膝半蹲，目向前平視(圖 1－38)。

(2) 上身直起挺身，兩臂向前、向上擺動；同時，兩脚蹬地跳起，向上屈膝收腹，空中頭下脚上，兩手護於兩膝處(圖 1－39)。

(3) 身體繼續向後翻轉，兩脚同時落地，兩臂自然分開(圖 1－40)。

要領：

①砸拳與兩腿屈膝半蹲同時完成，砸拳時必須鬆肩、沉肘，力達右拳拳背。

②後空翻時，必須先挺胸後收腹，向上用力擺臂，兩脚的蹬地跳起要與屈膝收腹及擺臂協調一致。

③身體要向上翻轉；不要在跳起時即向後倒身；騰空要高，落地要輕。

### 7. 跪步斟酒勢

右脚向右前方屈膝落步，左膝隨之着地成跪步；右手變握杯拳向右前方成端杯勢，小指外側朝下；左手向下、向後、向上直臂弧形繞環至上方時屈肘、屈腕，掌心朝下，無名指和

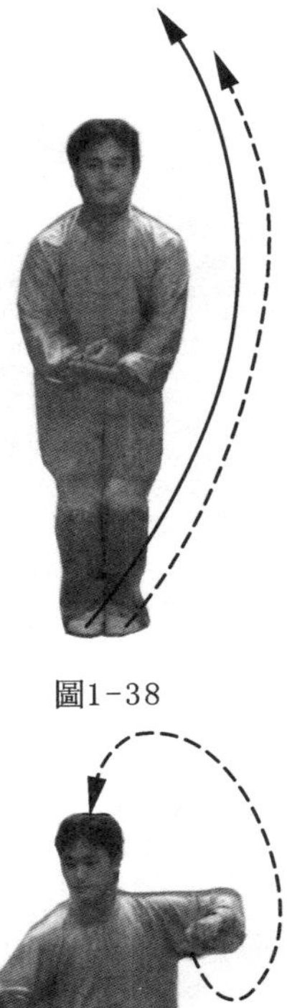
圖1-38

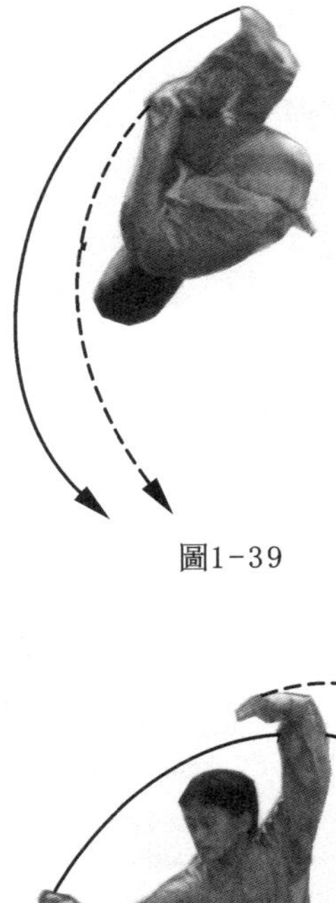
圖1-39

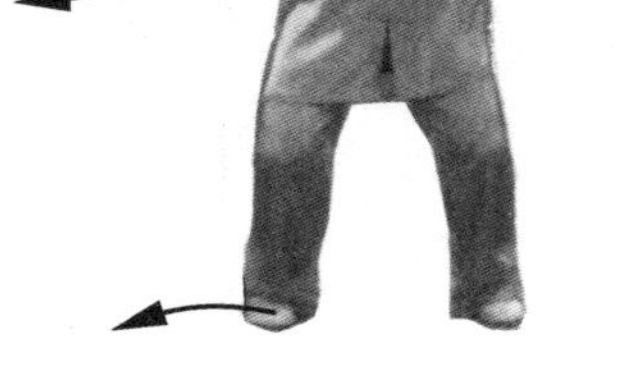
圖1-40

圖1-41

小指屈曲，拇指外展，食指和中指并攏伸直，向下指向右手；目視右握杯拳（圖 1－41）。

要領：

跪步時右膝不得超過脚尖，身體前傾，重心偏於右脚。

**8. 仰身飲酒勢**

上身後仰，重心移向左脚，右臂屈肘於胸前，右握杯拳拳眼對準口部；左手隨後仰之勢，從頭上弧形向後下方下落（圖 1－42）。

要領：

仰身動作要柔軟，不要僵硬，右脚伸直。

**9. 前滚翻騰躍盤腿跌**

（1）上身前俯，含胸屈背，右手先落地，右臂、右肩續依次落地，兩脚自然離地，成前滚之勢（圖 1－43）。

（2）繼續前滚，肩、背、脚依次落地，重心偏於右脚，左膝跪地；右手成端杯勢，小指外側朝下；目視右握杯拳（圖 1－44）。

（3）上動不停，兩脚蹬地跳起，上身向右前方撲出，身體懸空；在空中，左腿向左後上方擺起，右腿屈膝盤起，上身平倒；右握杯拳向右前方直臂平伸，左掌在右肩内側（圖 1－45）。

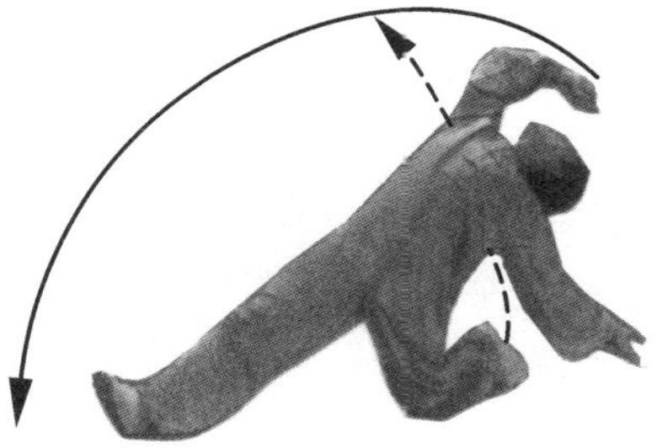

圖1-42

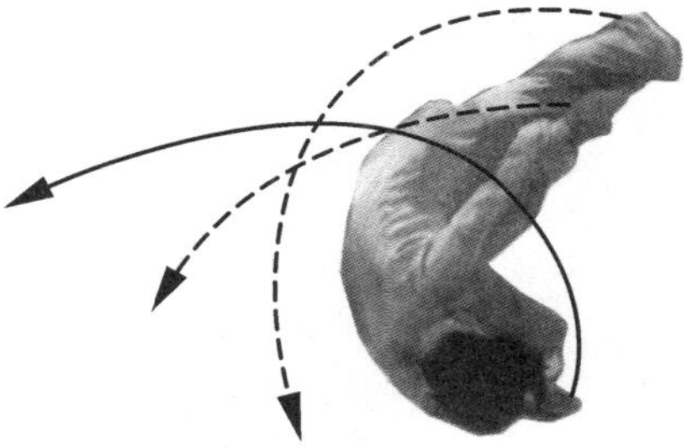

圖1-43

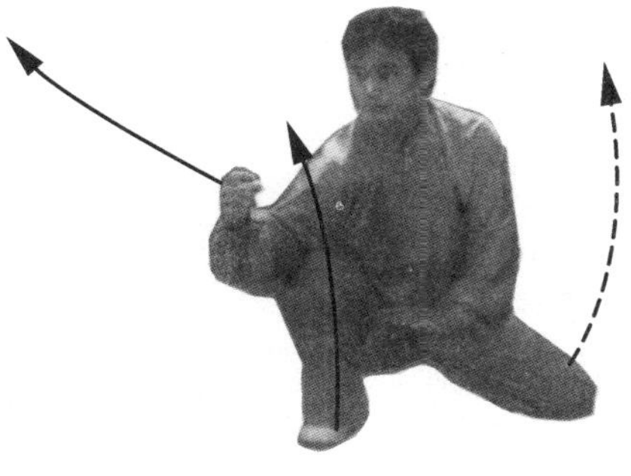

圖1-44

圖1-45

（4）身體成側卧姿態，從空中跌落至地面（圖 1－46）。

要領：

①前滾翻時頭部不能落地，手、臂、肩、背、脚必須依次落地，就像球在地面上滾動一樣。

②空中騰躍時動作要舒展，從空中跌落，必須使右臂內側、上身右側、右腿外側和左掌心同時平放落地。

**10. 烏龍絞柱**

（1）上身從右側卧向左後滾轉，左腿在上身滾轉的同時屈膝盤腿，右腿隨之伸直向左側轉動；右握杯拳變掌，和左掌一起隨上身滾轉向左後轉動成左側卧（圖 1－47）。

（2）上動不停，右腿從右向前、向左、向後、向右上方掃擺；上身隨勢後仰躺地，左腿隨之向左、向後上方掃擺；右掌向右擺伸（圖 1－48）。

（3）右腿繼續掃擺，左腿繼續向後上方掃擺，兩脚在上相絞；上身隨勢倒立矗起，以右肩着地，左掌即屈肘扶撑於頭前地下（圖 1－49）。

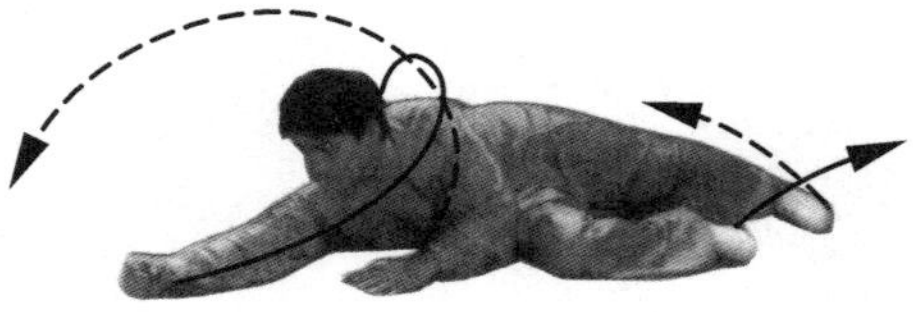

圖1-46

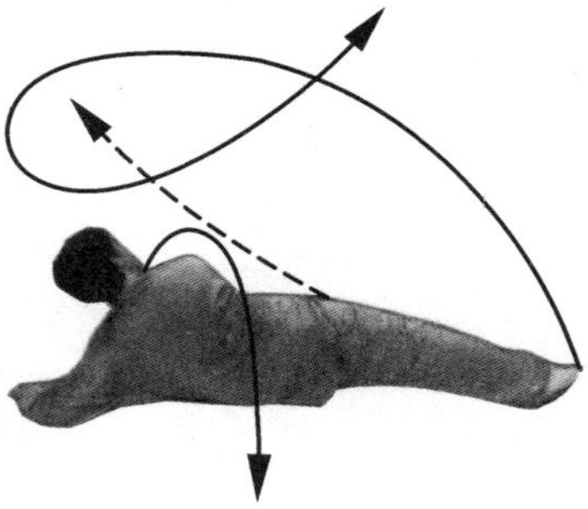

圖1-47

圖1-48

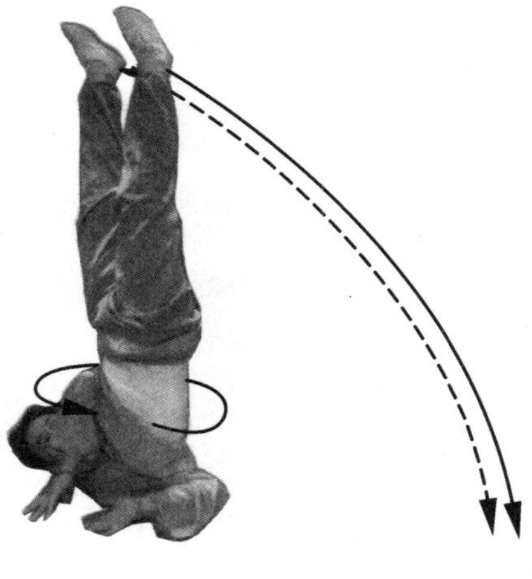

圖1-49

（4）兩掌撑地，旋轉一周倒地，背部着地，兩臂平放於身體兩側成仰卧（圖 1－50）。

要領：

兩腿的掃擺、上絞動作要快速、敏捷；上絞時腰背必須挺直。

**11. 鯉魚打挺**

（1）接上動，兩腿伸直，向上舉起，脚面繃平；同時，兩掌貼扶於兩腿膝前（圖 1－51）。

（2）兩腿弧形由上下打，挺腹、振擺而起（圖 1－52）。

要領：

兩腿弧形下打時，速度要快，以脚掌落地，兩脚分開。

**12. 仰身飲酒勢**

（1）接上動，右掌變握杯拳，由下向右、向上直臂弧形舉起，拳心朝左；左掌自然屈曲，直臂擺向身後，上身直起；目視右握杯拳（圖 1－53）。

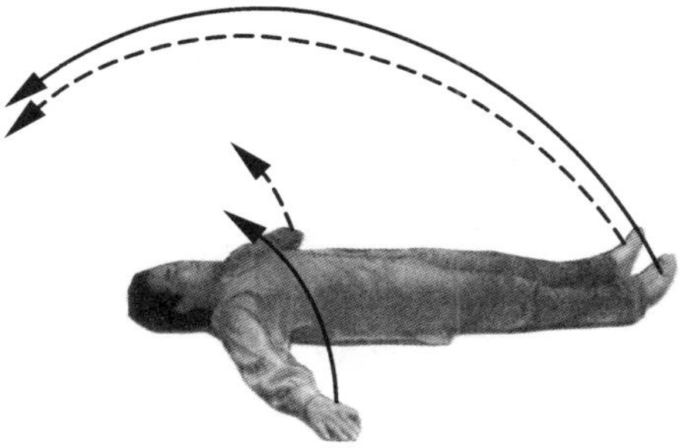

圖1－50

圖1－51

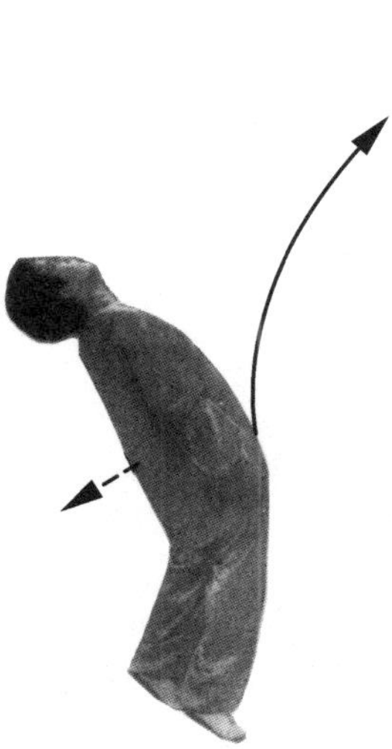

圖1－52

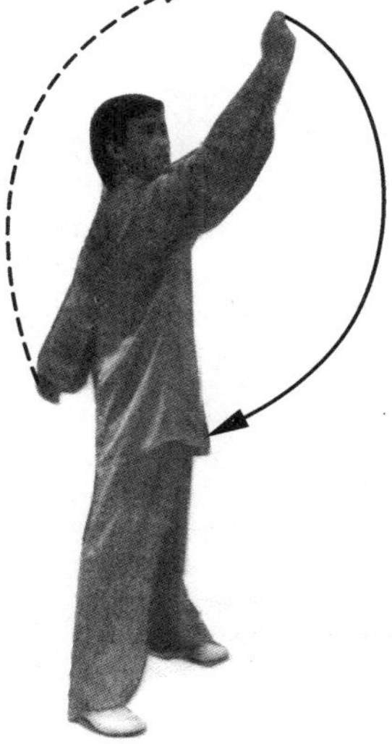

圖1－53

（2）上動不停，右握杯拳從上向前、向下直臂弧形下垂；左手隨之由後向上直臂弧形上舉，上身微前傾；目視前下方（圖1－54）。

（3）上動不停，左手向前、向下、向左後方直臂弧形繞環，至左後方時五指撮攏成鈎手，反臂斜舉，鈎尖朝上；右握杯拳在左手繞至前方時屈肘從身前經左臂上方向前直臂穿出平舉，拳眼朝上；上身隨之前傾，同時，兩腿屈膝半蹲成馬步；目視右握杯拳（圖1－55）。

（4）上動不停，上身後仰；右臂屈肘，使右握杯拳的拳眼對準口部，如飲酒狀（圖1－56）。

要領：

兩脚脚跟始終不着地，仰身飲酒時，儘可能挺身後仰。

**13. 踉蹌步仰身飲酒勢**

（1）右握杯拳向右、向前弧形沉肘探出，拳眼朝上；左鈎手同時自然屈握，提於肩左側；上身向右傾斜，目視右握杯拳（圖1－57）。

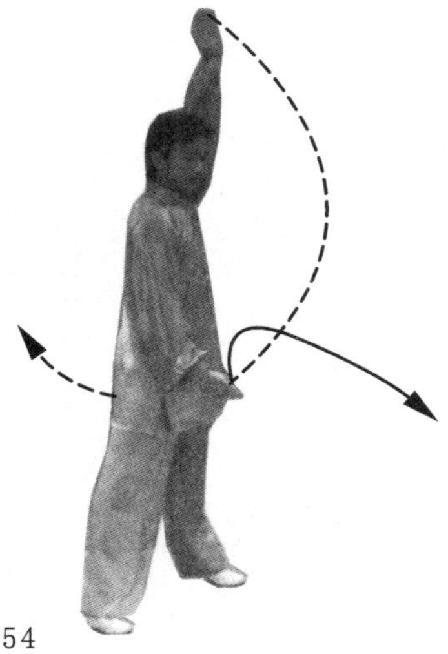
圖1-54

圖1-55

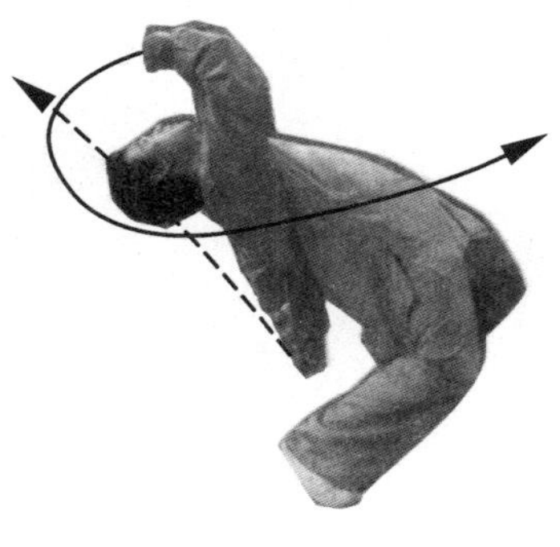
圖1-56

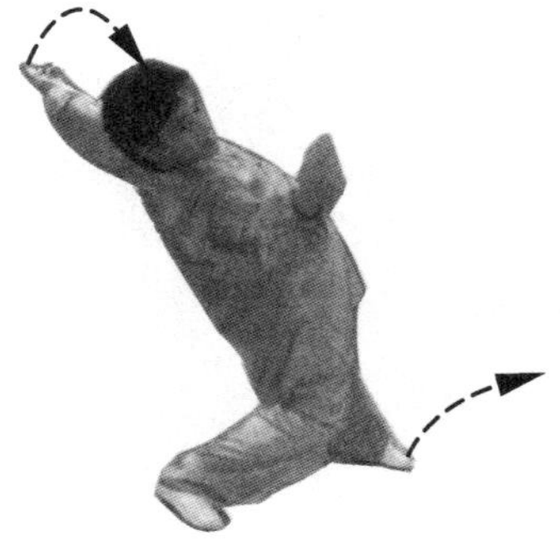
圖1-57

（2）上身繼續向右傾斜，左脚離地提於身前，右脚跟隨勢離地掀起，左手屈肘放於左肩前（圖 1－58）。

（3）上動不停，上身繼續向右歪倒，左脚趁勢從右腿前面向右前方邁步落地，左腿伸直，右脚隨之離地向左後擺起，右腿稍屈膝；同時，右握杯拳帶動右臂屈肘内旋，經過拳眼朝下，小臂從前向左、向後、向右、向前繞環一周（圖 1－59）。

（4）上動不停，上身向左傾斜歪倒，右握杯拳屈肘收至右肋處，左手變握杯拳穿過右手背，弧形向前伸出；左脚跟隨勢離地掀起，右脚同時從後向右、向前弧形擺動，屈膝提起；頭左轉，目視左握杯拳（圖 1－60）。

（5）上動不停，右脚趁上身向左歪倒之勢，經左腿前向左前方邁步落地；左脚離地提起，左腿稍屈膝，上身微向右轉；目視右後方（圖 1－61）。

（6）上動不停，上身左轉，面向東方；左脚向身前落步，右腿隨之後退半步，左脚再向後、向左側退一步與右脚并列，兩脚跟離地掀起，上身直起；在兩脚前後移動的同時，右握杯拳從右肋處向前上方直臂舉起，拳心朝左，左手向下、向後直臂弧形繞行反舉，手心朝右；

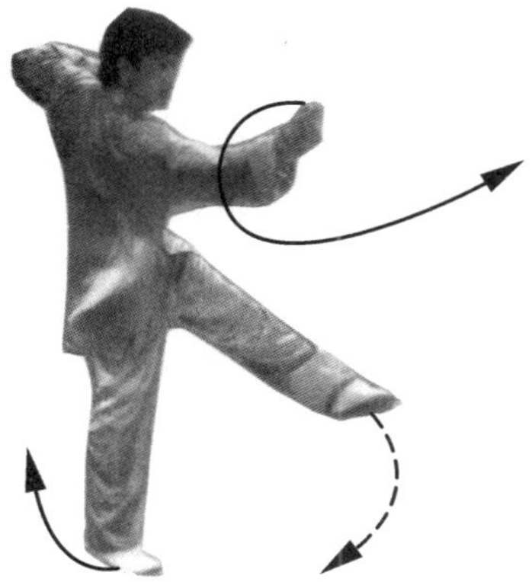
圖1-58

圖1-59

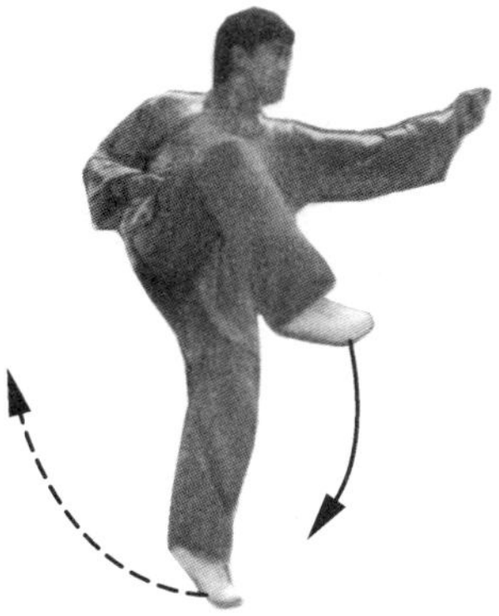
圖1-60

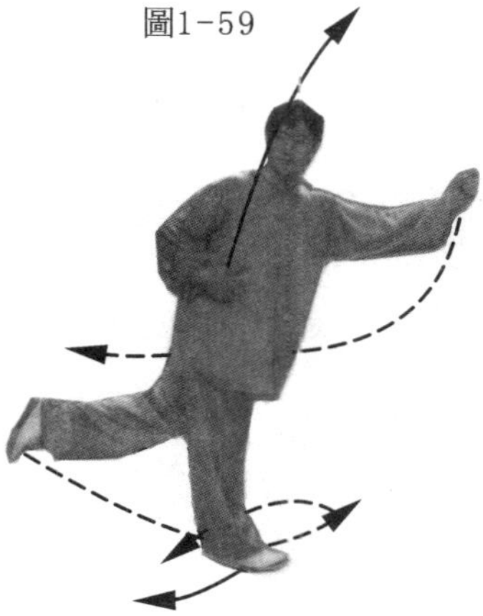
圖1-61

目視前上方（圖 1－62）。

（7）上動不停，右握杯拳從上向前、向下直臂弧形下垂；左手隨之向上直臂弧形上舉；上身微前傾，目視前下方（圖 1－63）。

（8）上動不停，左手向前、向下、向左後方直臂弧形繞環，至左後方時五指撮攏成鈎手反臂斜舉，鈎尖朝上；右握杯拳在左手繞至前方時屈肘經左臂上向前直臂穿出平舉，拳眼朝上；上身隨之前傾，兩腿同時屈膝半蹲成馬步；目視右握杯拳（圖 1－64）。

（9）上動不停，上身後仰；右臂屈肘，使右握杯拳的拳眼對準口部，如飲酒勢（圖 1－65）。

要領：

跟蹌的步法必須和上肢的動作相配合，使上下肢在醉形中和諧一致。

**14. 跟蹌步拐肘仰身勢**

（1）上身直起向左前方傾斜歪倒，右腳隨之向左前方跨上一步，右腿微屈膝；左腿伸直，左腳跟離地掀起；右握杯拳屈肘收至右肋

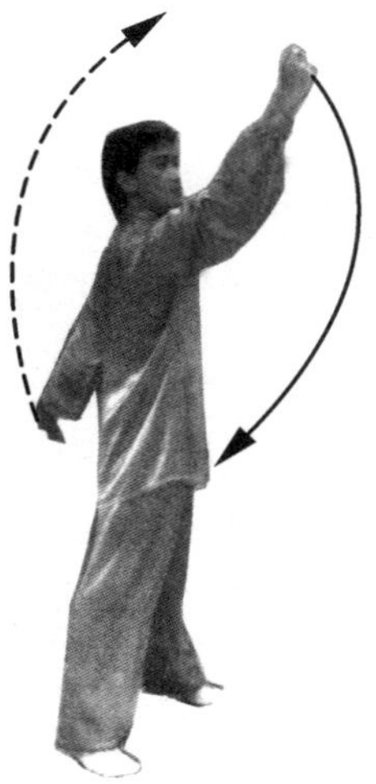

圖1－62

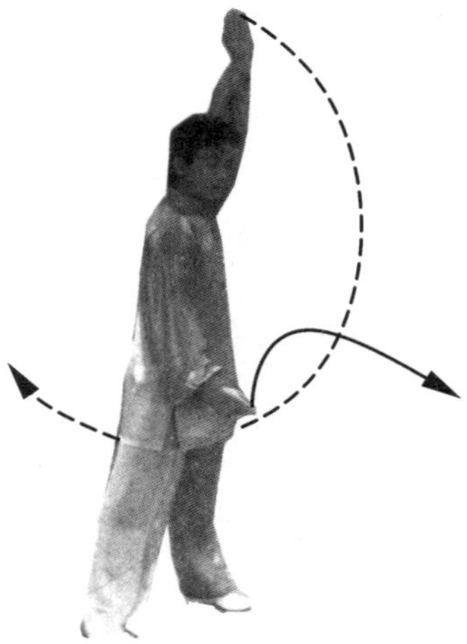

圖1－63

圖1－64

圖1－65

處，拳心貼身；左鈎手變拳，從身後向前屈肘挎起，拳眼朝後；腰向右擰轉，目視右側方（圖1－66）。

（2）上動不停，左肘向左平撑，左拳向左肩前平落，拳心朝下，拳眼向裏；右握杯拳向前、向上屈肘挎起，拳心朝左，拳面朝上；同時，上身向右前方傾斜，左脚隨之經右脚裏側向右前方上一步，左膝微屈，右腿伸直，右脚跟離地掀起；腰稍向左擰轉，目視左側方（圖1－67）。

（3）上動不停，右握杯拳變掌從上向胸前平落，掌心朝下，右拳變掌；同時，左臂外旋屈肘，左拳變掌，使掌心朝上伸向右掌下，兩掌腕部上下交叉；目視前方（圖1－68）。

（4）上動不停，右掌以腕關節爲軸向上、向右、向下、向左繞環，左掌也以腕關節爲軸向下、向左、向上、向右繞環，兩掌繞環一周後，左掌在上，右掌在下；同時，右脚向右前方上一步，右腿屈膝，左腿伸直，左脚跟離地；目視右掌（圖1－69）。

（5）上動不停，左脚向右脚前方上步，脚尖外展，左腿伸直；上身向右前方傾斜，腰稍左擰；左脚上步的同時，左掌屈肘、屈腕變刁手向左肩前刁捋，手指屈腕朝下；右掌隨之

圖1-66

圖1-67

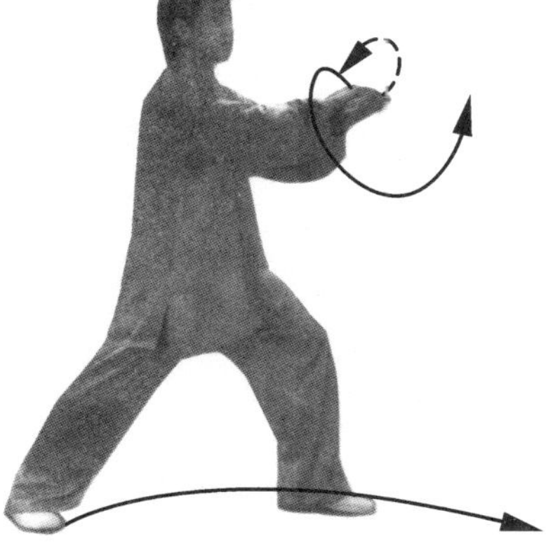

圖1-68

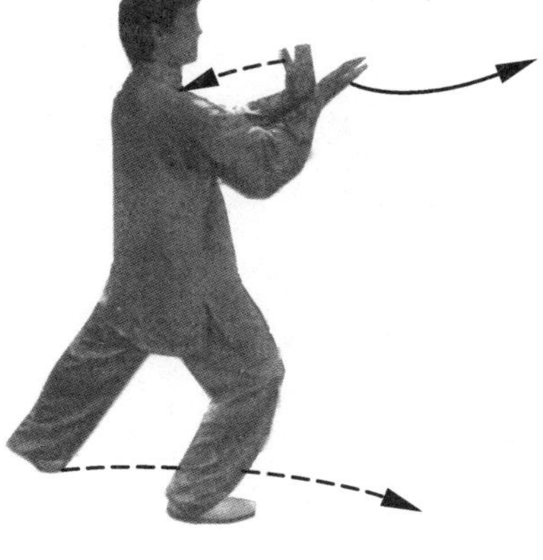

圖1-69

變成握杯拳，向前方伸擊，肘微屈，拳眼朝上；目視右拳（圖 1－70）。

（6）上動不停，上身向前略俯，從右側向後、向上翻身；翻身後左脚即從正東前方向南橫移，右脚隨勢轉動；翻身同時，右臂內旋使拳心朝下；左臂外旋使掌心朝上，并從右小臂上向前穿出（圖 1－71）。

（7）上動不停，上身直起左轉向東；左脚掌向左碾轉，脚跟離地，左腿伸直，右腿隨之屈膝提於身前；左手變拳，左臂稍內旋，拇指外側朝上，肘微屈；右握杯拳屈肘收於右肋處，拳心朝裏；目視左手（圖 1－72）。

（8）上動不停，上身向左傾斜，右脚趁勢從左腿前向左邁步落地；左脚離地提起；上身稍向右轉，目視右側方（圖 1－73）。

（9）上動不停，右脚左轉，上體左轉至面東，左脚向左側落步與右脚并列分開，兩腿屈膝略蹲；左拳收於身前，右拳同時伸向左腕處；目視前下方（圖 1－74）。

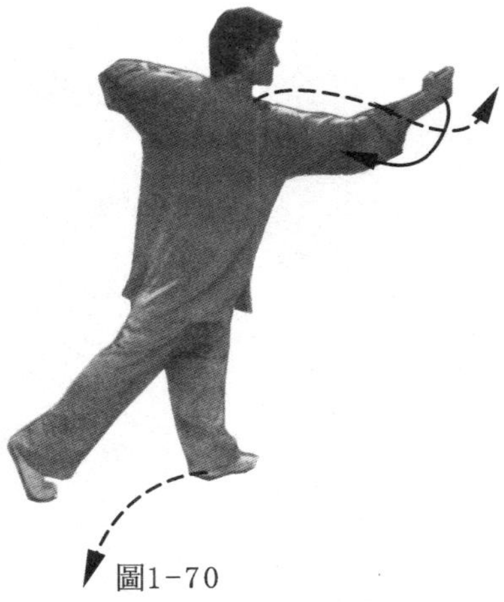
圖1－70

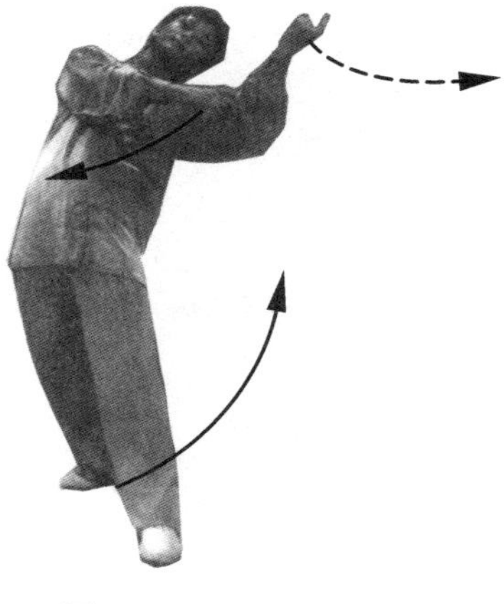
圖1－71

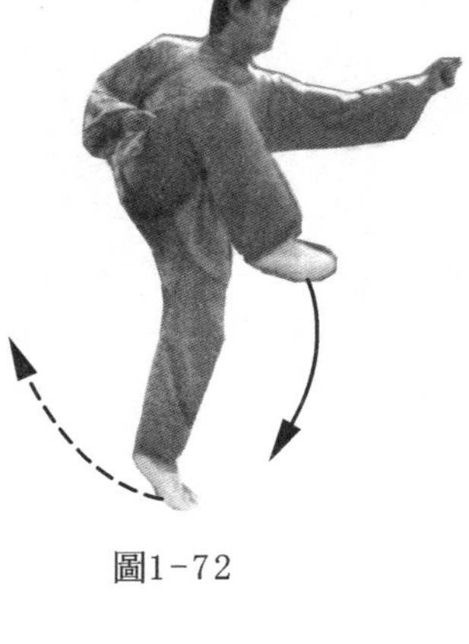
圖1－72

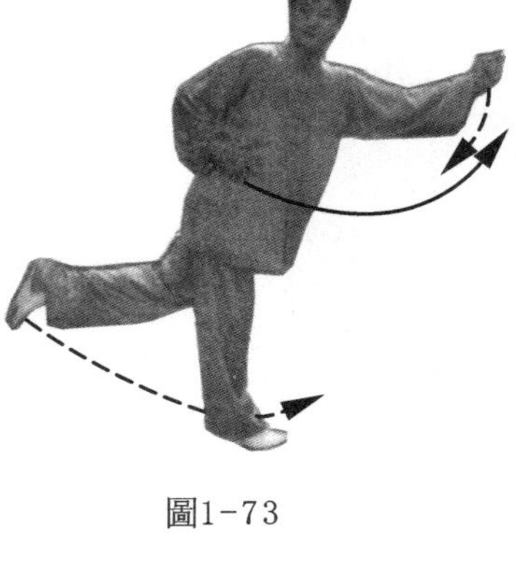
圖1－73

（10）上動不停，右脚後退一步，兩腿直起，左脚前掌點地；兩拳向兩側平擺橫舉，拳眼朝上；上身同時後仰（圖 1－75）。

要領：

①左、右拐肘時，必須使腰部左、右擰轉（拐左肘腰部右轉，拐右肘腰部左轉），轉腰又須與兩脚的左、右上步配合。

②兩掌以腕關節爲軸繞環時，腕關節要放鬆，繞環要迅速。

③後仰時重心在右脚，腰胯要挺直。

**15. 頭翻前摔背**

（1）接上動，上身前俯，兩拳變劍指；左脚跟落地踏實，右脚跟離地掀起，準備做向前頭翻（圖 1－76）。

（2）上動不停，右腿向後、向上甩起，左脚蹬地，兩腿靠攏，上身前俯，以頭頂着地，進入倒立姿態（圖 1－77）。

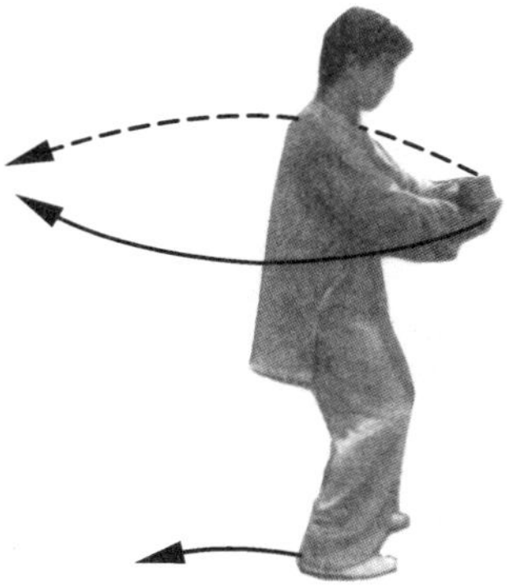
圖1-74

圖1-75

圖1-76

圖1-77

(3) 上動不停，兩脚向前方（正東）落地，上身挺立而起，兩腿順勢屈膝，兩劍指仍平舉於兩側（圖 1－78）。

(4) 上動不停，上身前俯，兩脚脚跟同時掀起，準備做向前頭翻（圖 1－79）。

(5) 上動不停，兩脚同時蹬地向後、向上甩起，上身前俯，以頭頂着地，進入倒立姿態（圖 1－80）。

(6) 上動不停，兩脚向前方（正東）落地，上身挺立而起，兩腿順勢屈膝，兩劍指仍平舉於兩側（圖 1－81）。

(7) 上動不停，兩脚同時蹬地向上甩起，身體向前上方騰躍，下頜收緊；兩手扶於兩膝處，空中成頭下脚上之勢（圖 1－82）。

(8) 上動不停，兩脚與上身肩背部同時着地；兩手分開，掌心向下，平放於身體兩側；

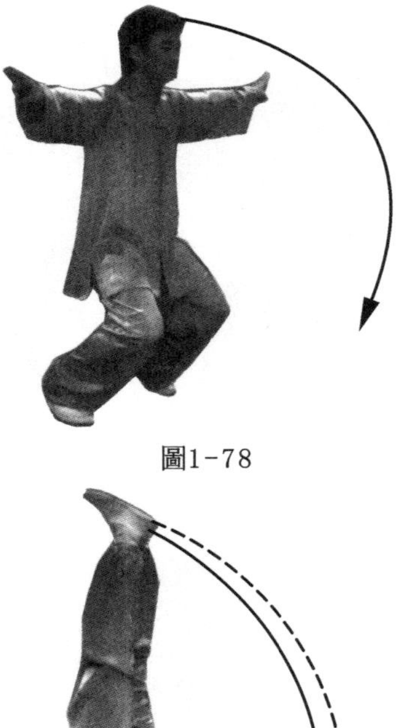
圖1-78

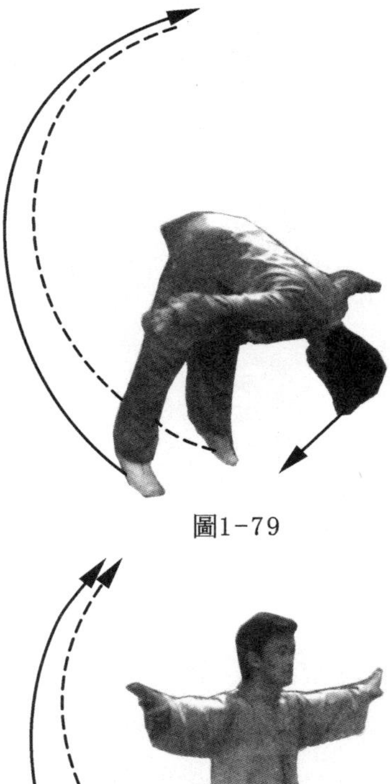
圖1-79

圖1-80

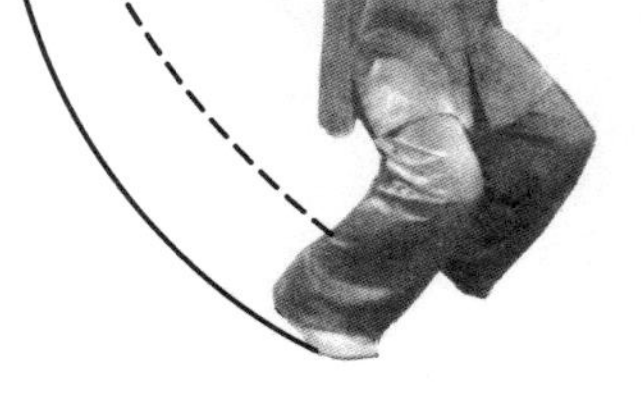
圖1-81

目視上方(圖 1－83)。

要領：

①做向前頭翻時，上身前俯，屈腰使頭部在接近左脚尖的地方着地，頭着地與兩腿向上甩起的動作要協調一致；兩脚落地起立的時候，應在兩脚將要接近地面時，使頭借助振擺的力量離開地面，身體懸空；兩脚着地後，上身必須保持挺胸、展腹的橋形，上身由橋形直起之後再屈膝下蹲。

②做前摔背時，兩脚蹬地要有力，騰空要高，下頜收緊，頭部不能落地。

## 第二段

### 16. 頭地趟轉

(1) 接上動，下頜仰起，使頭頂着地；同時兩手離開地面，使頭與雙脚成三點支撑(圖 1－84)。

(2) 上動不停，以頭爲圓心，且爲主要支撑點，右脚蓋過左脚，弧形向身體左側方落步；同時身體左轉半周(圖 1－85)。



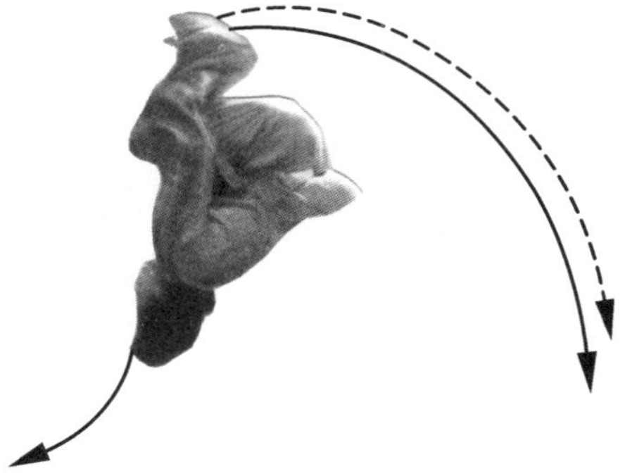

圖1－82

圖1－83

圖1－84

圖1－85

(3) 上動不停，繼續以頭爲圓心和主要支撐點，左脚繞過右脚，弧形向身體右側方落步；同時，身體左轉半周，使胸部向上（圖1－86）。

(4) 上動不停，繼續以頭爲圓心和主要支撐點，右脚蓋過左脚，弧形向身體左側方落步；同時，身體左轉半周（圖1－87）。

(5) 上動不停，繼續以頭爲圓心和主要支撐點，左脚繞過右脚，弧形向身體右側方落步；同時，身體左轉半周，使胸部向上（圖1－88）。

要領：

①做頭地趟轉動作時，動作要連貫、協調。

②必須以頭頂着地轉動，兩臂始終不着地，并保持在身體兩側。

**17. 鯉魚打挺**

(1) 接上動，背部着地，兩腿向身體上方弧形擺起，兩掌扶於兩腿膝前（圖1－89）。

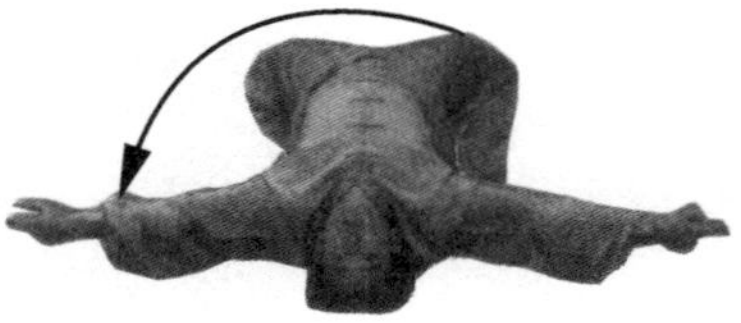

圖1-86

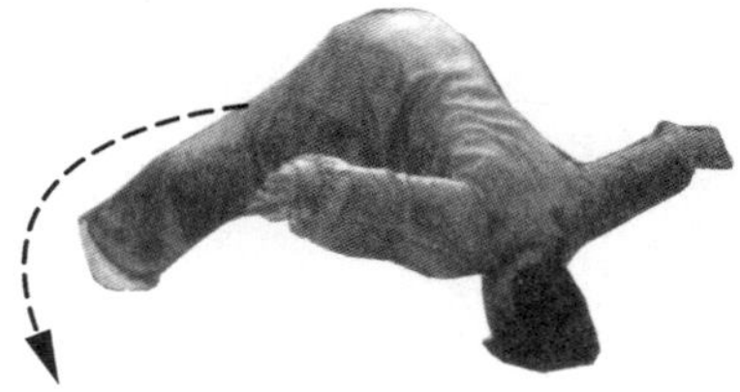

圖1-87

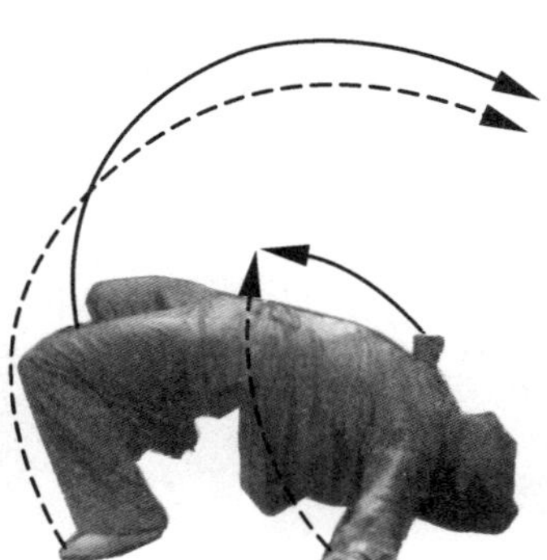

圖1-88

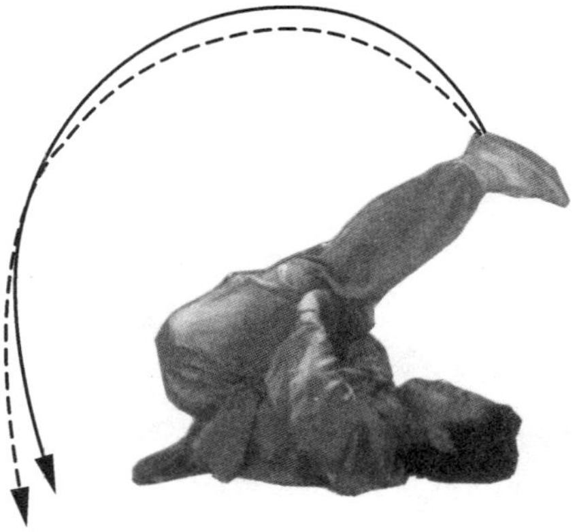

圖1-89

（2）兩腿弧形由上下打，挺腹、振擺而起（圖 1－90）。

**18. 栽碑（屈肘前傾跌）**

（1）上動不停，兩手同時直臂由身體兩側向上、向正前方變掌擊拍，掌心相合，拇指外側朝上；腰背直起，左脚在兩掌擊拍的同時向右脚并步靠攏；目視兩掌（圖 1－91）。

（2）兩掌變拳握緊，屈肘收至胸前，拳面朝上，拳心相對；同時，兩脚跟提起（圖 1－92）。

（3）上身直腰向前傾倒撲地，兩小臂跌撐地面，脚尖翹起，兩腿不着地；目視下方（圖 1－93）。

要領：

①向前傾跌，腰部要挺直，兩腿要挺直，兩拳要緊握，小臂要屈平。

②嚴防撅臀、彎膝和兩腿着地。

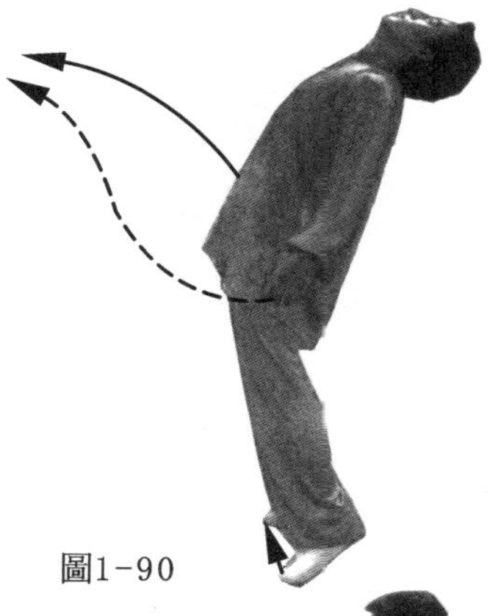

圖1-90

圖1-91

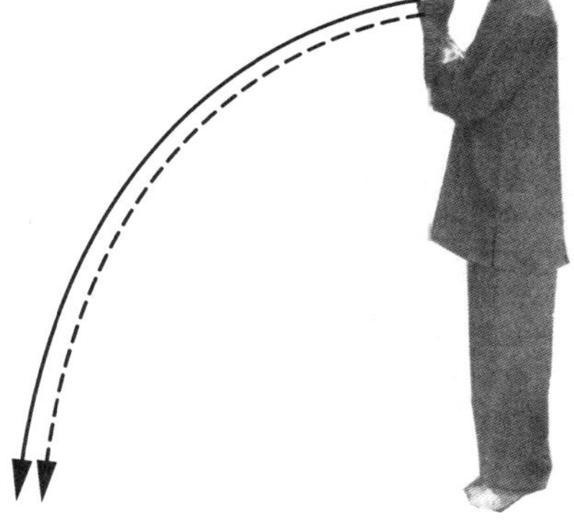

圖1-92

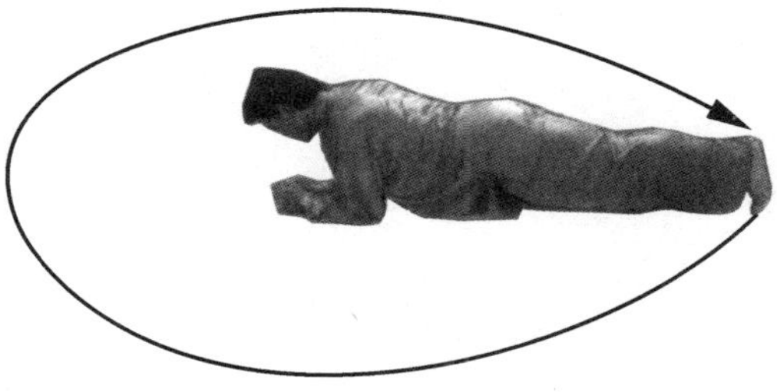

圖1-93

**19. 撲地蹦**

兩小臂推地彈離地面,兩拳變掌,向後屈肘扶地;直腰,兩掌推地,使整個身軀微離地向上蹦跳,以手爲圓心,向左蹦跳一周,還原至頭西脚東位置(圖 1－94)。

要領:

蹦跳要輕快,轉動要迅速,不要撅臀,除手、脚支撑,其他部位均不能着地,兩脚不要分開,蹦跳轉動必須達到一周。

**20. 穿腿坐地**

(1) 兩臂伸直,兩脚蹬地離開地面,收腹屈體使兩腿向前擺動(圖 1－95)。

(2) 上動不停,兩腿從兩臂中間向前直腿穿出,坐落地面(圖 1－96)。

要領:

動作要迅速,兩腿要伸直,兩脚要并攏,脚面要綳平。

**21. 鯉魚打挺**

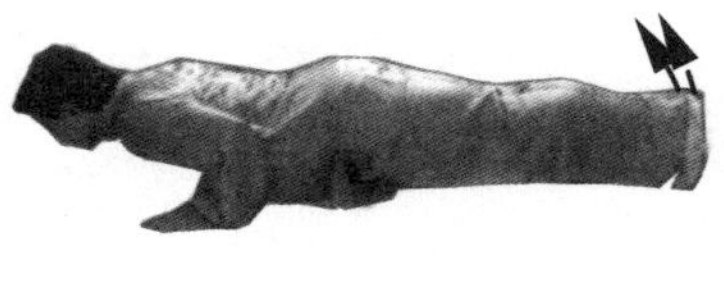

圖1-94

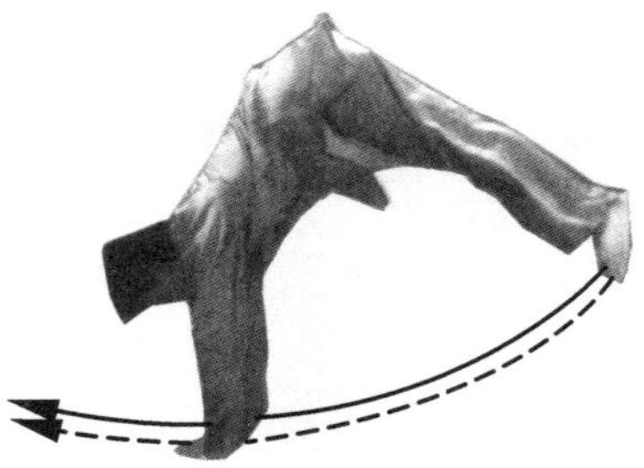

圖1-95

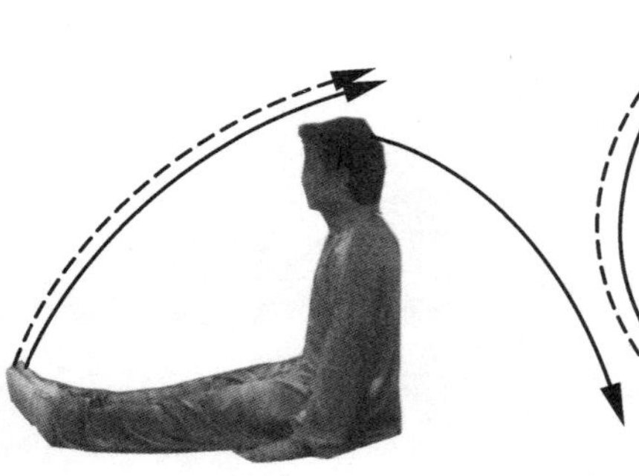

圖1-96

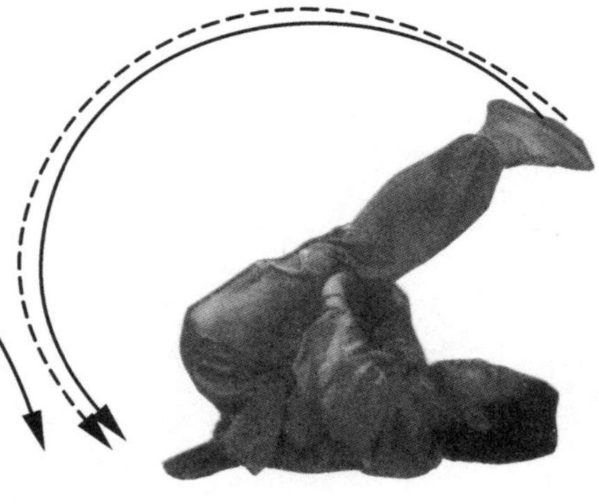

圖1-97

（1）上身向後仰臥，兩腿向身體上方弧形擺起，兩掌扶於兩腿膝前（圖 1－97）。

（2）兩腿弧形由上下打，挺腹、振擺而起（圖 1－98）。

**22. 後撲虎**

（1）上身直起前傾，兩掌從兩側向前擺起，掌心均朝下；同時，兩腿屈膝略蹲；目視前下方（圖 1－99）。

（2）上身向後仰翻，兩脚蹬地跳起；同時，兩掌繼續向上、向後、向下直臂弧形擺動，兩掌着地成手倒立姿勢（圖 1－100）。

（3）上動不停，兩掌着地之後；兩臂立即屈肘，抬頭、挺胸、塌腰、展胯，胸、腹、大腿依次着地（圖 1－101、圖 1－102）。

要領：

①本動作繫後手翻和撲虎的結合，後手翻時，上身必須挺胸、仰頭、用力擺臂、甩腰。

②兩脚的蹬地跳起要和擺臂的動作協調一致。

③身體要向上穿躍，不要在跳起時即向後

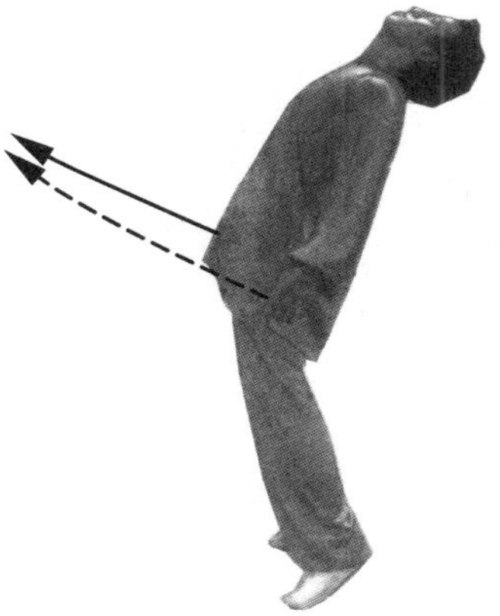

圖1-98

圖1-99

圖1-100

圖1-101

倒身。

④撲虎時兩掌屈肘撐地，使胸、腹、腿依次着地，頭不要着地，且脚面要綳平。

**23. 穿腿坐地**

(1) 上動不停，腿部微用力使脚尖着地（圖 1－103）。

(2) 兩臂伸直，兩脚蹬地離開地面，收腹屈體使兩腿向前擺動（圖 1－104）。

(3) 上動不停，兩腿從兩臂中間向前直腿穿出，坐落地面（圖 1－105）。

**24. 鯉魚打挺**

(1) 上身向後仰卧，兩腿向身體上方弧形擺起，兩掌扶於兩腿膝前（圖 1－106）。

(2) 兩腿弧形由上下打，挺腹、振擺而

圖1-102

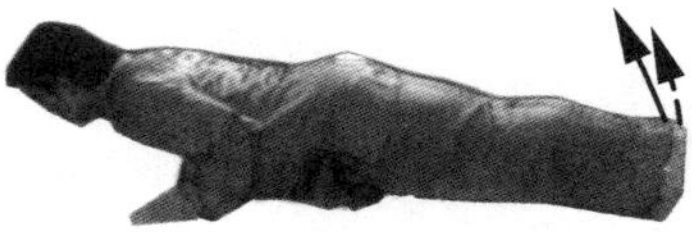

圖1-103

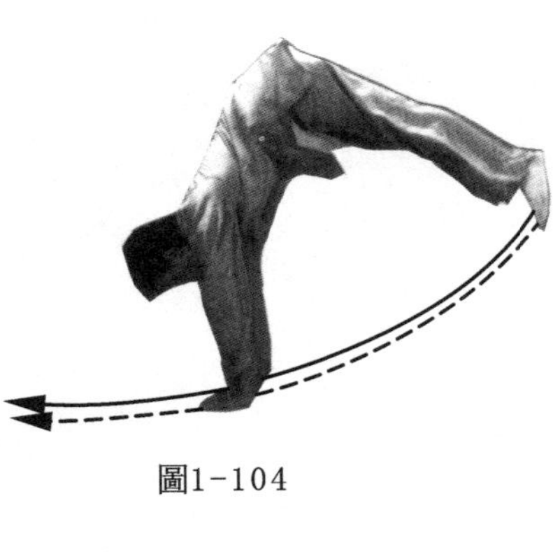

圖1-104

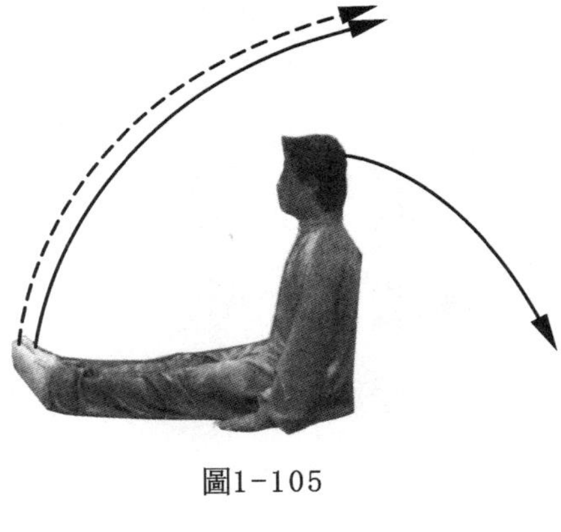

圖1-105

起(圖 1－107)。

## 25. 弓步端酒勢

接上動,右脚向前(正西)上步,右腿屈膝半蹲,左腿挺膝伸直,成右弓步;同時,兩掌變握杯拳,左拳屈肘收於左肩前,右握杯拳屈肘經胸前向正西平伸,拳眼朝上;目視右握杯拳(圖 1－108)。

要領:

弓步時右大腿屈平,左腿蹬直,左脚外側不要掀起。

# 第三段

## 26. 仆步穿拳仰身飲酒勢

(1) 右拳屈肘收抱於右腰側,拳心朝上;同時,左拳向左側弧形伸出成端酒姿勢;目視左握杯拳(圖 1－109)。

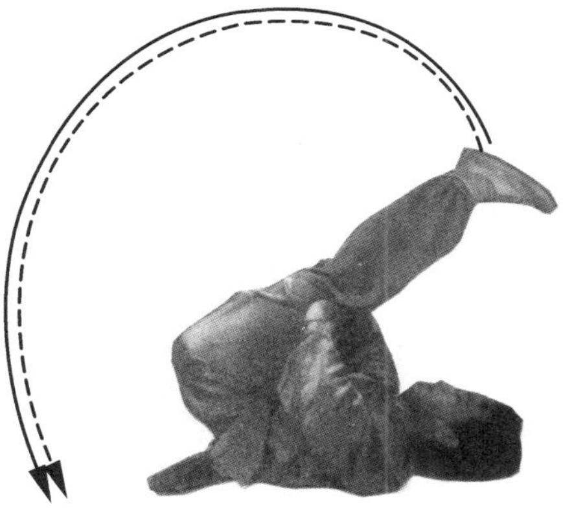

圖1－106

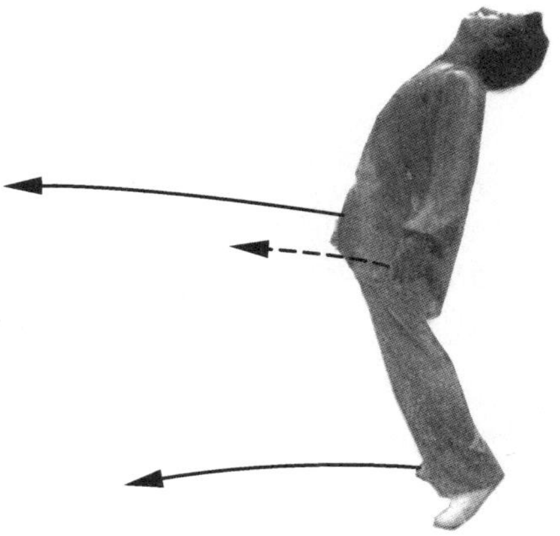

圖1－107

圖1－108

圖1－109

(2) 上動不停，左握杯拳經頭前上方向右弧形擺動；上身隨之右轉，兩腿成右弓步；目視左握杯拳(圖 1－110)。

(3) 上動不停，左臂弧形下擺至襠前，上身隨之左轉，兩腿變成左仆步；目視左側下方(圖 1－111)。

(4) 上動不停，左握杯拳從襠前沿左腿內側向左腳直臂伸出，拳眼朝上，上身隨之向左下方探伸；目視左握杯拳(圖 1－112)。

(5) 上動不停，左握杯拳向上舉起，右握杯拳從右腰側向下、向前經左腳背弧形伸出，拳眼朝上；同時，上身隨之前移，左腳尖外展，右腳尖裏扣，右腿向後蹬伸，左腿向前屈膝成左弓步；目視正東方向(圖 1－113)。

(6) 上動不停，左腳後移直起，上身後仰，重心移向右腳，左拳順勢下落，右握杯拳從胸前上舉，向後屈肘，拳眼對準口部，如飲酒狀(圖 1－114)。

要領：

動作要連貫、緩慢、柔和。

**27. 撥浪子(側空翻)**

圖1-110

圖1-111

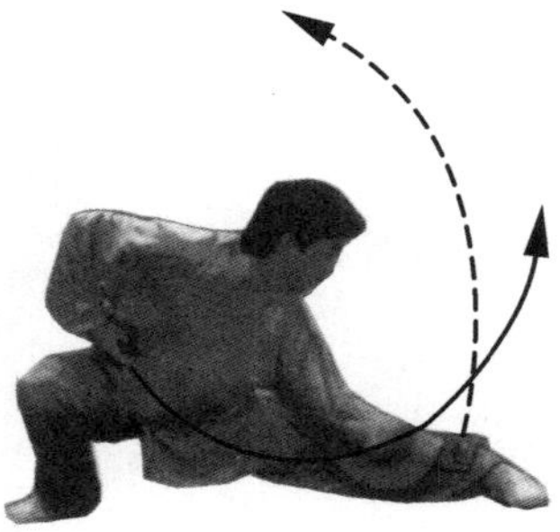

圖1-112

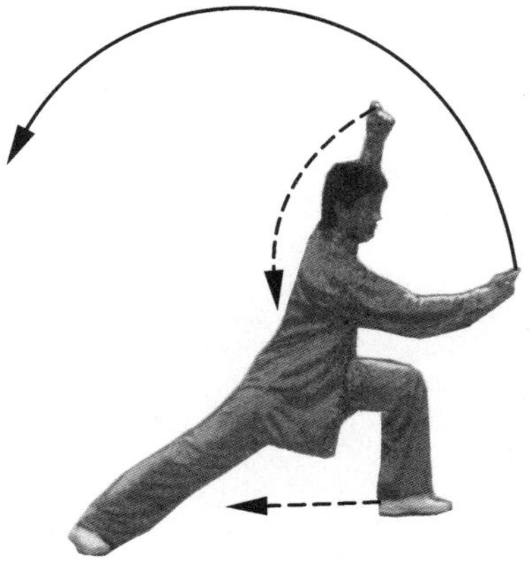

圖1-113

(1) 上身向前側傾，右腿向後擺起；左手在上身前傾之時向前伸出，同時右手向上、向下、向後弧形擺動，開始側翻(圖 1－115)。

(2) 上動不停，左脚立即蹬地跳起，兩腿右前左後向上甩起，頭下脚上，身體懸空(圖 1－116)。

(3) 右脚先落地，右腿屈膝，左脚隨之在身體左側落地，左腿伸直，上身從下向上翻起(圖 1－117)。

要領：

①側空翻，蹬地起跳和兩腿甩起的動作要快。

②上身向前側倒時要挺胸、仰頭，防止頭向下栽。

③用腰部的力量使上身從上向前、向下、向後、向上翻起。

**28. 提膝斟酒勢**

左脚踏實，左手爲握杯拳從左側下垂，拳眼朝上；同時，右劍指從右側上舉，肘略屈，使劍指屈腕指向左握杯拳之拳眼：上身隨之稍向左轉，屈腰向左傾斜；右腿即屈膝在身前提起，脚面綳平，脚尖朝下；目視左握

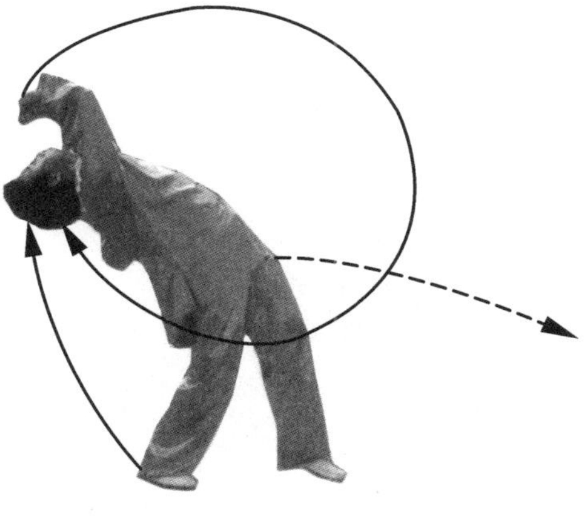

圖1-114

圖1-115

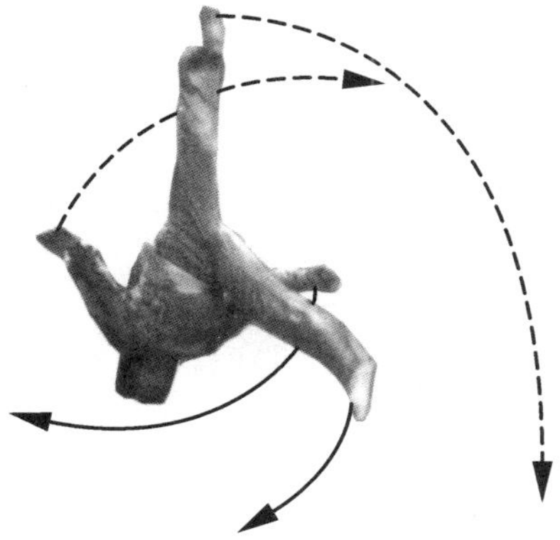

圖1-116

圖1-117

杯拳(圖 1－118)。

要領:

左腿必須伸直,站立要穩固;右腿屈膝高提,上身防止過分傾倒。

**29. 提膝仰身飲酒勢**

(1) 右脚在左脚後側落步,左脚以前掌虛沾地面,兩腿屈膝半蹲成左虛步;上身微直起,右劍指向前下方微作下沉;目視左握杯拳(圖 1－119)。

(2) 右腿直起站立,左脚屈膝提起,上身後仰;右劍指隨之向上、向後、向下弧形繞環,至後下方時,變刁手屈肘收於右腰側,拇指貼身;同時,左握杯拳向上舉起,屈肘向後,拳眼對準口部,如飲酒狀(圖 1－120)。

要領:

①做虛步動作時,右大腿要屈平,左脚虛點地面,虛實要分清。

②做提膝仰身動作時,右脚站穩,仰身的動作不要過快,頭要向後屈領,胸要挺出,力求使上身腰部屈成半圓弧形。

**30. 撥浪子(側空翻)**

圖1-118

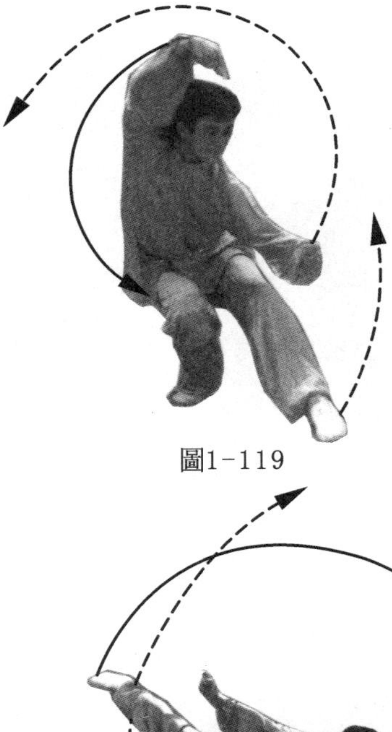

圖1-119

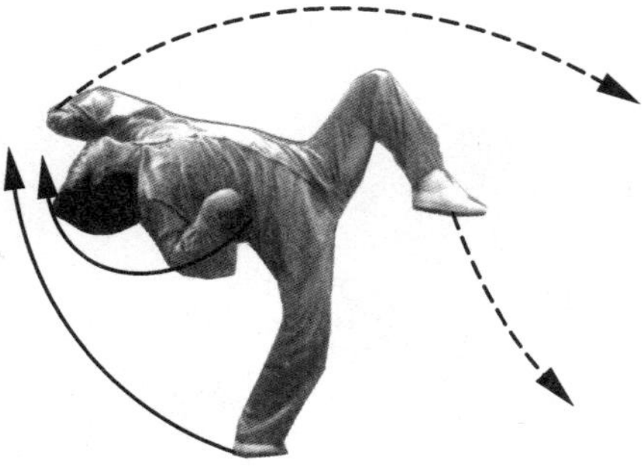

圖1-120

圖1-121

（1）左脚向前落地，左腿伸直，上身隨之向前側傾，右腿同時向後擺起；左握杯拳在隨上身向前側傾的同時，直臂從後向上、向前、向下弧形下沉，右刁手變拳，隨上身向前側傾，從右腰側直臂下垂，并向後、向上弧形上舉，開始側翻（圖 1－121）。

（2）上動不停，左脚立即蹬地跳起，兩腿右前左後向上甩起，頭下脚上，身體懸空（圖 1－122）。

（3）右脚先落地，右腿屈膝，左脚隨之在身體左側落地，左腿伸直，上身從下向上翻起（圖 1－123）。

**31. 提膝斟酒勢**

左脚踏實，左手爲握杯拳從左側下垂，拳眼朝上；同時，右劍指從右側上舉，肘略屈，使劍指屈腕指向左握杯拳之拳眼；上身隨之稍向左轉，屈腰向左側傾；右腿即屈膝在身前提起，脚面繃平，脚尖朝下；目視左握杯拳（圖 1－124）。

**32. 提膝仰身飲酒勢**

（1）右脚在左脚後側落步，左脚以前掌虛沾地面，兩腿屈膝半蹲成左虛步，上身微直起，右劍指向前下方微下沉；目視左握杯拳（圖 1－125）。

圖1－122

圖1－123

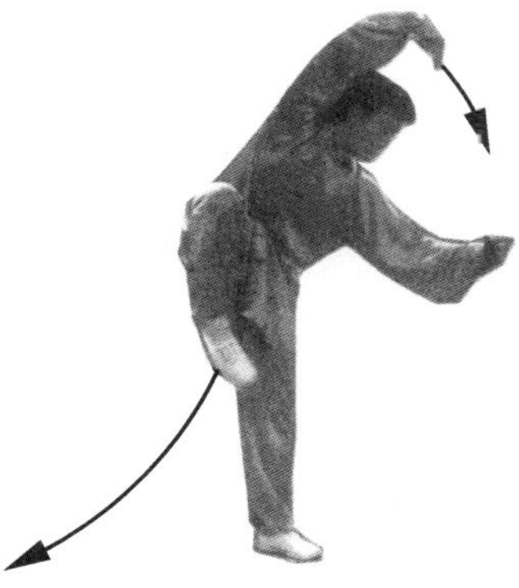

圖1－124

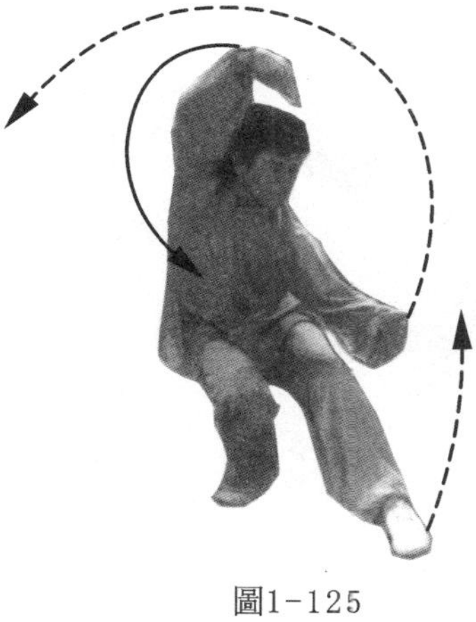

圖1－125

（2）右腿直起站立，左脚屈膝提起，上身後仰；右劍指隨之向上、向後、向下弧形繞環，至後下方時，變刁手屈肘收於右腰側，拇指貼身；同時，左握杯拳向上舉起，屈肘向後，拳眼對準口部，如飲酒狀（圖 1－126）。

**33. 單足躍障（跳門檻）**

（1）接上動，上身直起，左握杯拳隨上身直起之勢向上舉起，右手向前抓住左脚，微向內收；目視前方（圖 1－127）。

（2）上動不停，右脚蹬地跳起，屈膝從右手與左脚圍成的圈中躍過，落於地面，身體微向前傾（圖 1－128）。

要領：

①手與脚在躍起時要配合一致。

②右脚蹬地要有力，要快速屈膝收腹。

**34. 前滾翻單腿踹**

（1）接上動，上身前俯，左拳隨身體前俯之勢向下、向裏弧形下沉，以拳背扶地，開始做前滾翻（圖 1－129）。

（2）上動不停，左臂外側、左肩、左背、

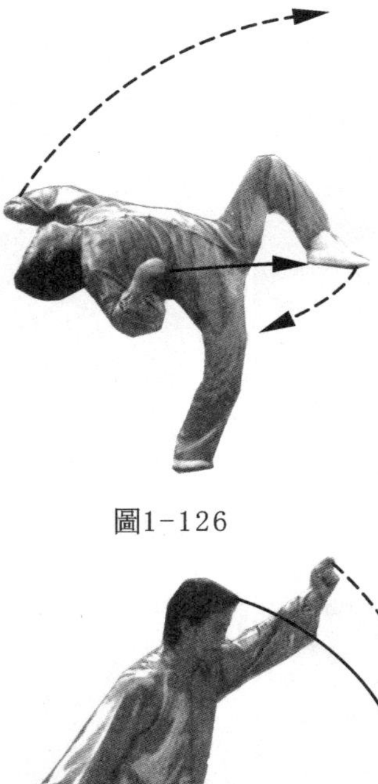

圖1-126

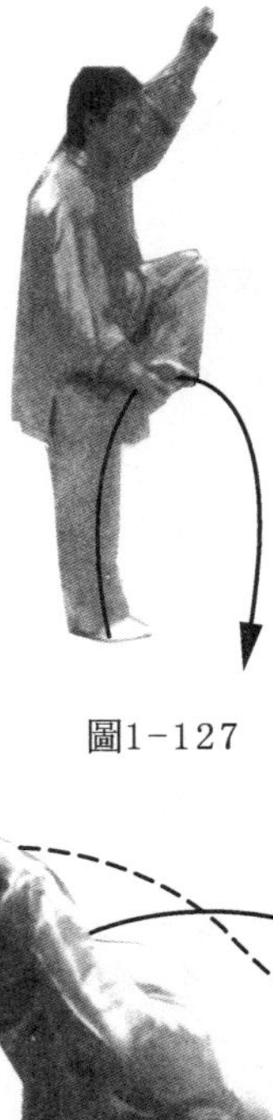

圖1-127

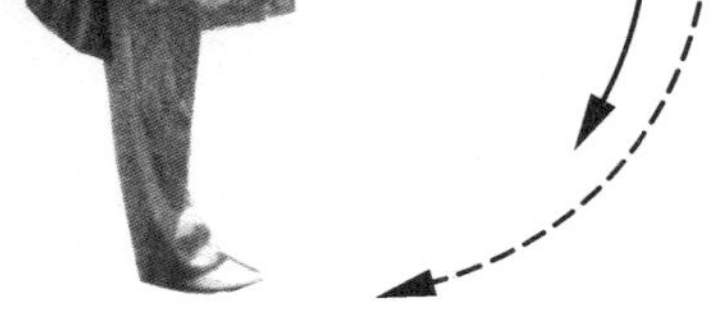

圖1-128

圖1-129

右腿外側依次着地，右臂屈肘以小臂撑地成側卧狀，左握杯拳伸於左側胸前，左腿隨前滾之勢經屈膝向身體左側方踹腿；目視左脚(圖 1－130)。

要領：

前滾翻時，頭不能着地，且踹腿須快速、有力，力達左脚底。

**35. 醉卧勢**

左脚屈膝落地，脚尖向正東，右拳屈肘收於右耳旁，以右肘撑地；右腿順勢收於左膝上，臀部離地，僅以右肘、左脚支撑地面；目視正西方(圖 1－131)。

要領：

側卧時，腰部要向上一側挺起，使身體明顯離地；同時，一肘一脚支撑地面配合協調，使身體重心穩定，不能摇晃。

**第四段**

**36. 後挺身滾翻**

(1) 上身左轉落地，兩手伸臂平放在身體兩側地面；同時，右腿伸直落地，面向上方(圖 1－132)。

(2) 上動不停，收腹使兩腿向上舉起，右頸展開，以頭肩着地，成倒立姿勢(圖 1－133)。

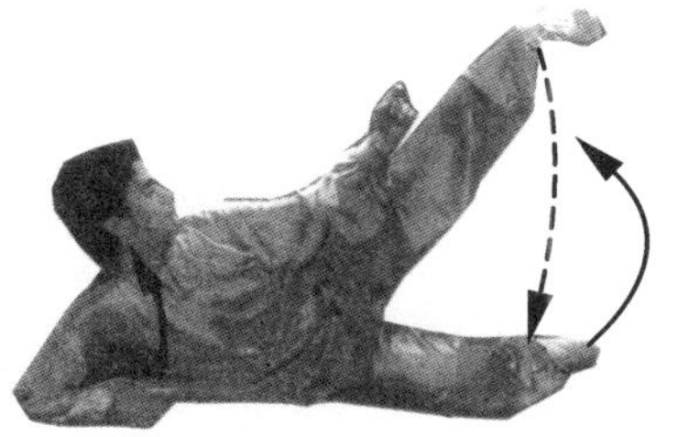
圖1-130

圖1-131

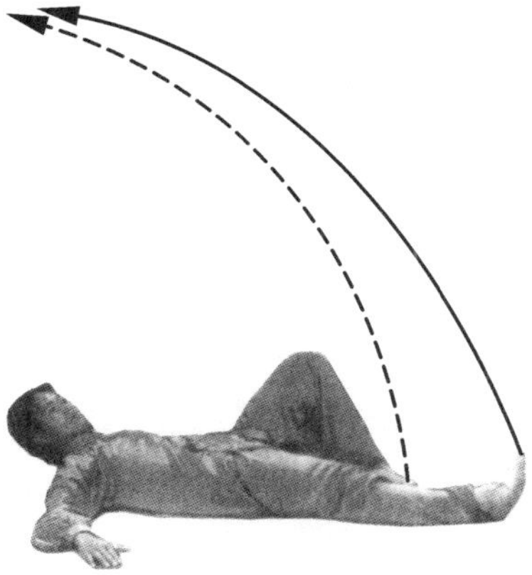
圖1-132

圖1-133

（3）上動不停，身體向正西傾斜，挺胸、挺腹、挺胯，使胸、腹、腿依次着地；同時，頭部上抬（圖 1－134）。

（4）隨兩腿下落，頭部上抬之慣性，挺胸、挺腹、挺胯，使頭、胸、腹依次離開地面，并微向後仰，兩掌貼於身體兩側；目視前方（圖 1－135）。

要領：

①做後挺身滾翻時，動作要連貫、協調。

②後翻時，速度要快，挺胸、挺腹、挺胯要配合一致。

**37. 後栽碑**

接上動，上身繼續成立正姿勢後倒，將到達地面時，下頜收緊，以肩背部着地，成仰臥狀；目視上方（圖 1－136）。

要領：

做後栽碑，腰背、腿部都須挺直，猶如立正姿勢一樣，向後倒地，下頜一定要收緊，謹防頭部撞擊地面。

圖1-134

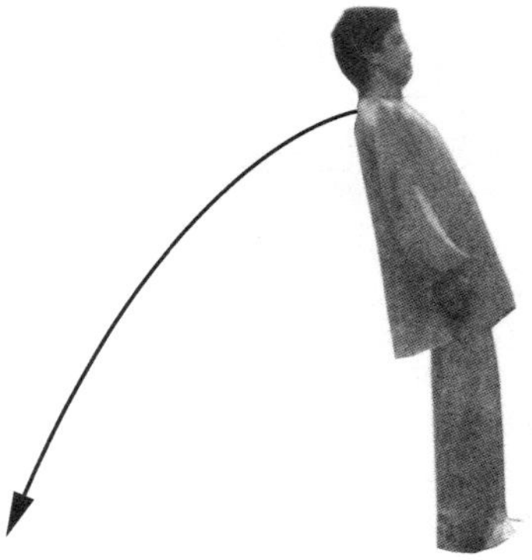

圖1-135

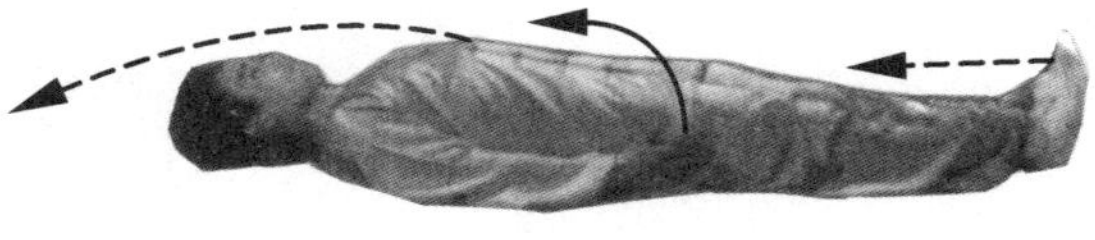

圖1-136

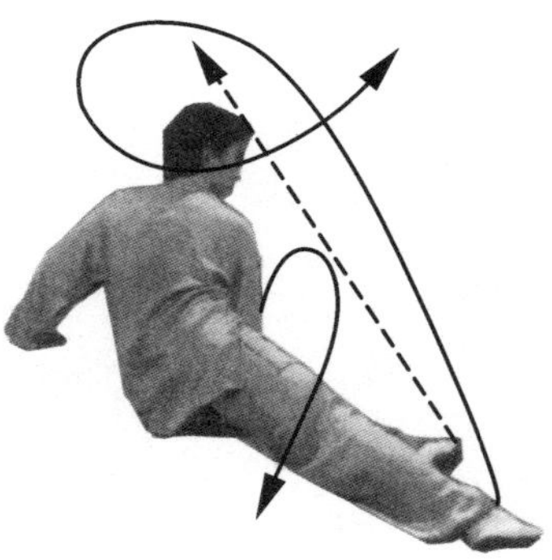

圖1-137

### 38. 烏龍絞柱

（1）上身左轉，左腿在上身轉動的同時微屈膝盤起，右掌繞過身體與左掌一起撐於上身前下方，使上身抬起；目視右側方（圖1－137）。

（2）上動不停，右腿從右向前、向左、向後、向右上方掃擺，上身隨勢後仰躺地，左腿隨之向左、向後上方掃擺，右掌向右擺伸（圖1－138）。

（3）右腿繼續掃擺，左腿繼續向後上方掃擺，兩腿在上相絞；上身隨勢倒立蠢起，以頭和右肩着地，左掌即屈肘扶撐於頭前地下（圖1－139）。

（4）兩掌撐地，倒立旋轉半周，然後收腹以右脚落地（圖1－140）。

### 39. 仰身飲酒勢

（1）接上動，兩掌撐地而起；同時，以右脚掌支地，上身向左側轉動，右掌變拳順勢上舉，左掌隨左轉之勢擺至身體左側，左脚隨後落於右脚内側，身體微後仰；目視右握杯拳（圖1－141）。

圖1-138

圖1-139

圖1-140

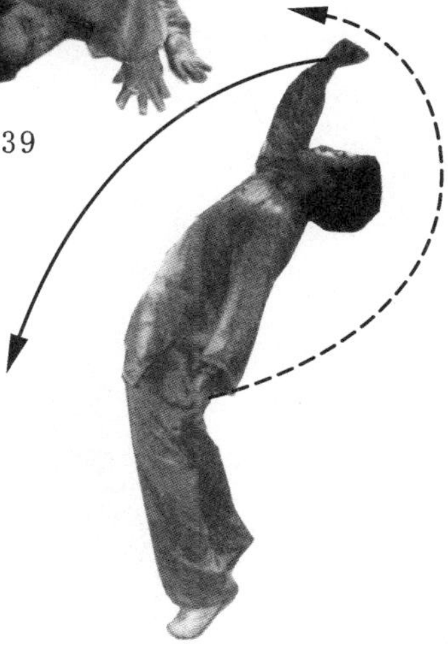

圖1-141

（2）上動不停，右握杯拳向前、向下直臂弧形下垂，左手隨之由後向上直臂弧形上舉；上身微前傾，腳跟不落地；目視前下方（圖 1－142）。

（3）上動不停，左手向前、向下、向左後方直臂弧形繞環；至左後方時五指撮攏成鈎手，反臂斜舉，鈎尖朝上；右握杯拳在左手繞至前方时屈肘從身前經左臂上、向前直臂穿出平舉，拳眼朝上；上身隨之前傾，同時，兩腿屈膝半蹲成馬步；目視右握杯拳（圖 1－143）。

（4）上動不停，上身後仰；右臂屈肘，使右握杯拳的拳眼對準口部，如飲酒狀（圖 1－144）。

**40. 踉蹌步仰身飲酒勢**

（1）右握杯拳向右、向前弧形沉肘探出，拳眼朝上，左鈎手同時自然屈握，提於肩左側。

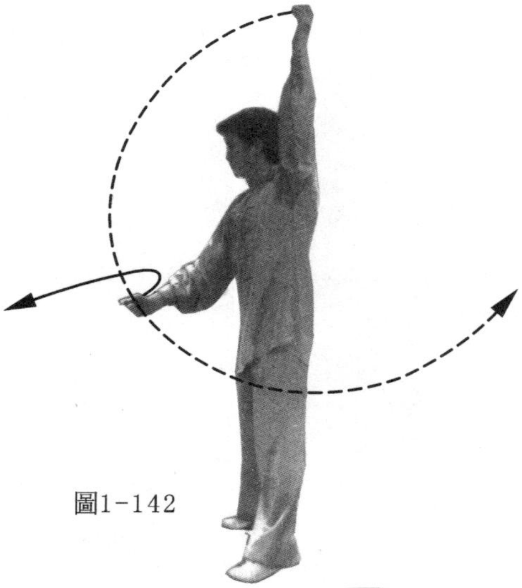
圖1-142

圖1-143

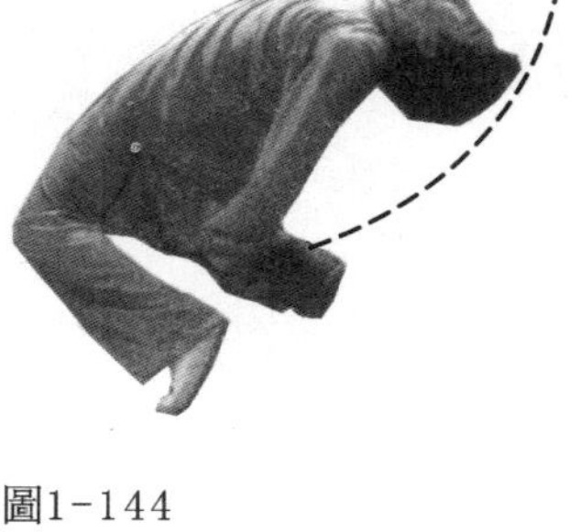
圖1-144

圖1-145

上身向右傾斜；目視右握杯拳(圖 1－145)。

(2) 上身繼續向右傾斜，左脚離地提於身前，右脚跟隨勢離地掀起，左手屈肘放於左肩前(圖 1－146)。

(3) 上動不停，上身繼續向右歪倒，左脚趁勢向右前方邁步落地，左腿伸直；同時，右握杯拳帶動右臂屈肘内旋至拳眼朝下，小臂繞向左、向後、向右、向前繞環一周(圖 1－147)。

(4) 右脚在左脚落步之後，即離地向左、向後弧形擺動，提於身後，右腿稍屈膝(圖 1－148)。

(5) 上動不停，上身向左傾斜歪倒，右握杯拳屈肘收至右肋處，左手變握杯拳穿過右手背，弧形向前伸出；左脚跟隨勢離地掀起，右脚同時向右、向前弧形擺動，屈肘提起；頭左轉，目視左握杯拳(圖 1－149)。

(6) 上動不停，右腿趁上身向左歪倒之

圖1－146

圖1－147

圖1－148

圖1－149

勢，向左前方邁步（圖 1－150）。

（7）上動不停，上身面向正西方，左脚向右脚内側上步，兩脚跟離地掀起，上身微後仰；右握杯拳隨左脚上步之勢向前上方直臂舉起，拳心朝左；同時，左手向下、向後直臂弧形繞行反舉；目視右握杯拳（圖 1－151）。

（8）上動不停，右握杯拳向前、向下直臂弧形下垂；左手隨之從後向上直臂弧形上舉，上身微前傾，脚跟不落地；目視前下方（圖 1－152）。

（9）上動不停，左手向前、向下、向左後方直臂弧形繞環，至左後方時五指撮攏成鈎手，反臂斜舉，鈎尖朝上；左手繞至前方時，右握杯拳屈肘經左臂上向前直臂穿出平舉，拳眼朝上，上身隨之前傾；同時，兩脚屈膝半蹲成馬步；目視右握杯拳（圖 1－153）。

（10）上動不停，上身後仰；右臂屈肘，使右握杯拳的拳眼對準口部，如飲酒狀（圖 1－154）。

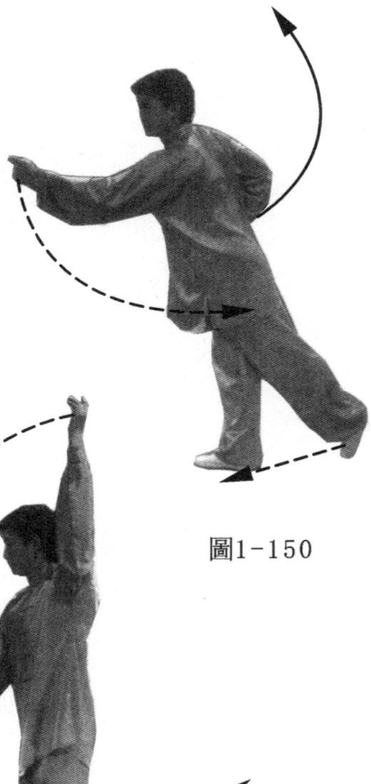
圖1-150

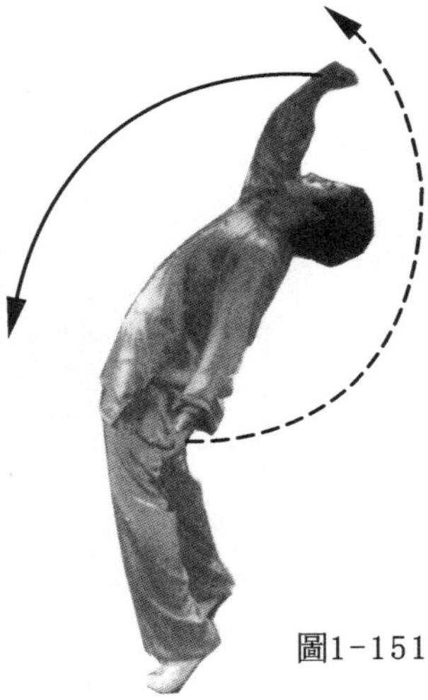
圖1-151

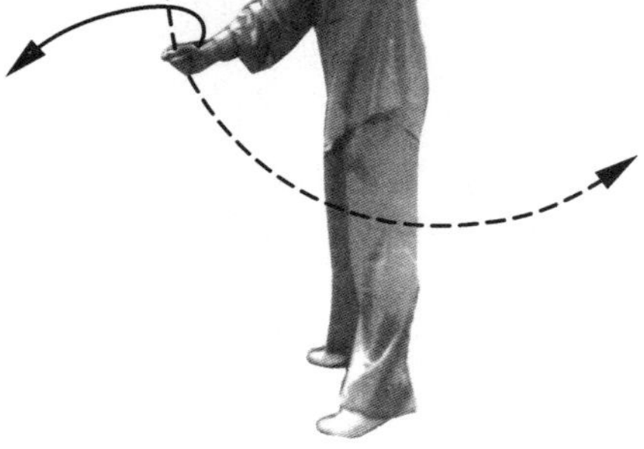
圖1-152

圖1-153

## 41. 倒叉步仰身斟酒勢

（1）接上動，上身直起，右脚向前上步，左腿屈膝；同時，右握杯拳向前、向左弧形屈肘至左肩前，上身順勢左轉，左手隨後由下向身體左上方舉起；目視右下方（圖 1－155）。

（2）上動不停，左脚從右腿後向右叉步；同時，左手變劍指，臂内旋，手心朝下，從左向前、向右弧形平擺；左脚向右叉步的同時，右握杯拳經胸前向下、向右直臂弧形擺動；目視右握杯拳（圖 1－156）。

（3）上動不停，右腿稍直起，直腰挺胸，上體向右傾倒，重心移向左腿，兩臂順勢向右側探伸（圖 1－157）。

要領：

仰身斟酒時；重心應移向左腿，兩臂探伸應始終保持斟酒姿勢。

## 42. 旋手

圖1-154

圖1-155

圖1-56

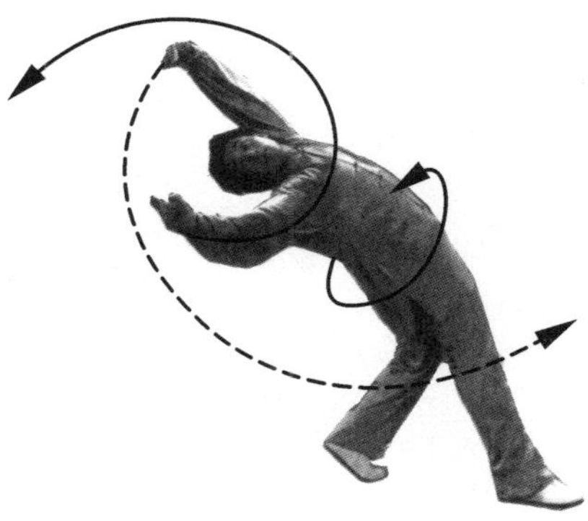

圖1-157

（1）上動不停，以左脚掌爲軸，上身向左、向後翻轉；右握杯拳隨之向上、向西轉動，左手同時直臂向下、向東弧形擺動；左腿屈膝，右腿伸直；目視左側下方（圖 1－158）。

（2）上動不停，右脚向右（西方）上步，左腿隨後從右腿後向右（正西方）叉步；同時，右手下沉，左手上舉，仍放於身體兩側；目視前下方（圖 1－159）。

（3）上動不停，上身前俯由東方向左轉至面西，兩臂隨上身左轉之勢，直臂弧形擺動，仍平舉於身體兩側；重心移至左腿，右腿隨之向上向北弧形擺起，形成燕式平衡狀態（圖 1－160）。

（4）上動不停，上身繼續向左擰轉，左脚蹬地跳起，向身體後上方擺起，身體懸空（圖 1－161）。

（5）在空中旋轉一周，右脚落地，形成左腿後舉的燕式平衡狀態（圖 1－162）。

要領：

①動作要連貫、迅速。

②旋子轉身必須以腰帶腿，在空中上身必須平俯，旋轉要完成一周。

圖1-158

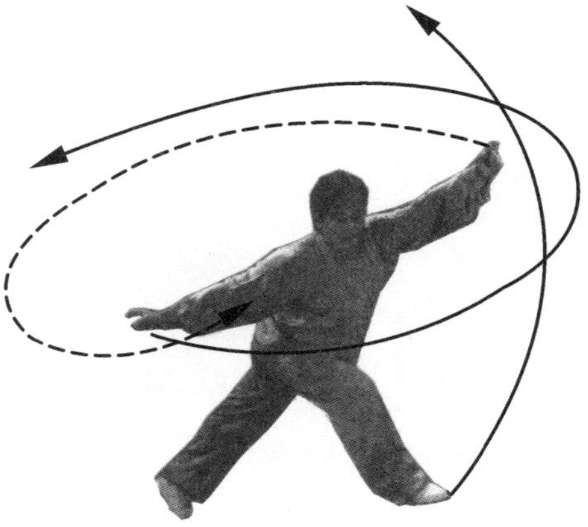

圖1-159

圖1-160

圖1-161

③旋子動作前後的燕式平衡，均是旋子的過程，不要停頓，應和前後的動作貫串起來。

**43. 前掃腿蓋步側摔**

（1）上動不停，以右脚掌爲軸碾地，使上身繼續左轉，左脚在正西方落地，左腿伸直，右腿順勢屈膝全蹲，成左仆步；同時，右臂順左轉之勢弧形擺動至右上方，左臂屈肘收於右肩前；目視左側下方（圖 1－163）。

（2）上動不停，左脚尖外撇，身體重心移至左脚，右腿伸直成右仆步，以左脚掌爲圓心，右脚貼地掃轉一周半；同時，左手上舉成亮掌，右手擰轉成鈎手，鈎尖朝上，提於身後（圖 1－164）。

（3）上動不停，左腿直起，右脚經左脚前面向左側落步；左掌放於右肩前，右鈎手變拳直臂由後向右、向前、向上弧形擺起，同時，上身向右側傾斜（圖 1－165）。

（4）上身繼續向右傾斜，摔於地面，左掌於右肋前扶於地面；右脚伸直，左腿屈膝，脚掌點地於右腿後側成右側卧姿態；目視右握

圖1－162

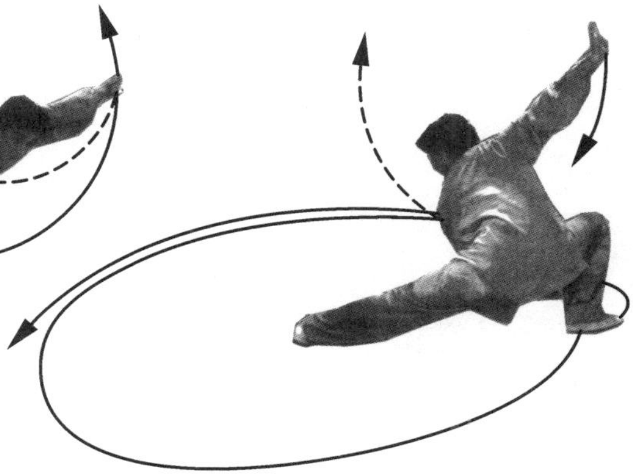
圖1－163

圖1－164

圖1－165

杯拳(圖 1 - 166)。

要領:

①做此動作時,要連貫緊湊,一氣呵成,上下肢動作不要脫節。

②前掃腿左腳尖儘量外撇,以腰帶腿用力擰轉,且右腳不要離開地面。

③蓋步時,右腳儘量向左側落步,加快摔地速度。

## 第五段

### 44. 鯉魚打挺

(1) 上身從右側臥向左滾轉;左掌順勢左擺扶地,右掌平扶於右側地面;同時,左腿伸直,成仰臥狀;目視上方(圖 1 - 167)。

(2) 接上動,兩腿伸直向上舉起,腳面崩平;同時,兩掌貼扶於兩腿膝前(圖 1 - 168)。

(3) 兩腿弧形由上下打,上身挺腹,振

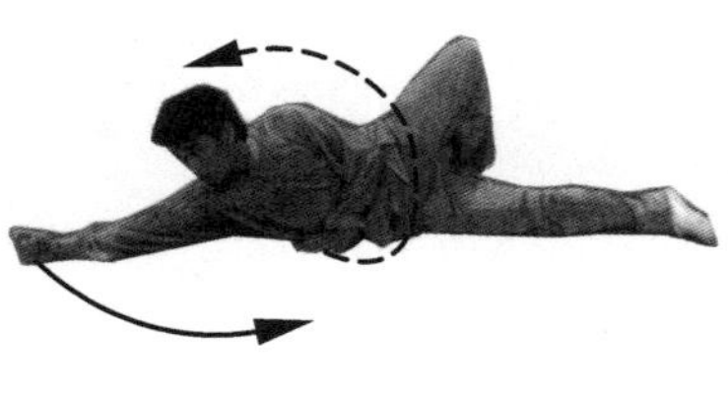

圖1-166

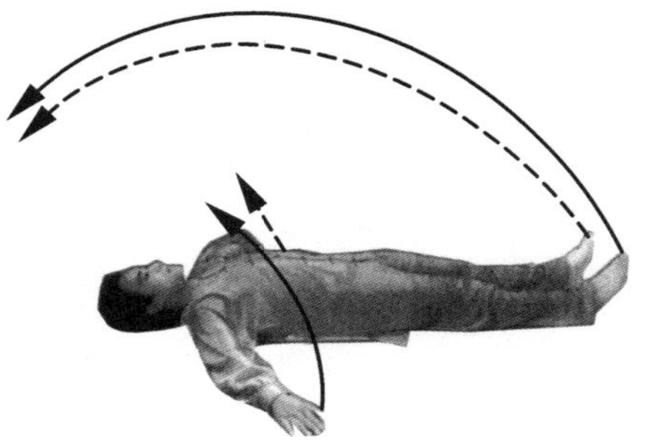

圖1-167

圖1-168

圖1-169

擺而起(圖 1－169)。

## 45. 仰身飲酒勢

(1) 接上動,右掌變握杯拳,由下向右、向上直臂弧形舉起,拳心朝左;左掌自然屈曲,直臂擺向身後,上身直起;目視右握杯拳(圖 1－170)。

(2) 上動不停,右握杯拳從上向前、向下直臂弧形下垂;左手隨之由後向上直臂弧形上舉;上身微前傾,目視前下方(圖 1－171)。

(3) 上動不停,左手向前、向下、向左後方直臂弧形繞環,至左後方時五指撮攏成鈎手反臂斜舉,鈎尖朝上;右握杯拳在左手繞至前方時屈肘從身前經左臂上,向前直臂穿出平舉,拳眼朝上;上身隨之前傾,兩腿同時屈膝半蹲成馬步;目視右握杯拳(圖 1－172)。

(4) 上動不停,上身後仰;右臂屈肘,使右握杯拳的拳眼對準口部,如飲酒狀(圖 1－173)。

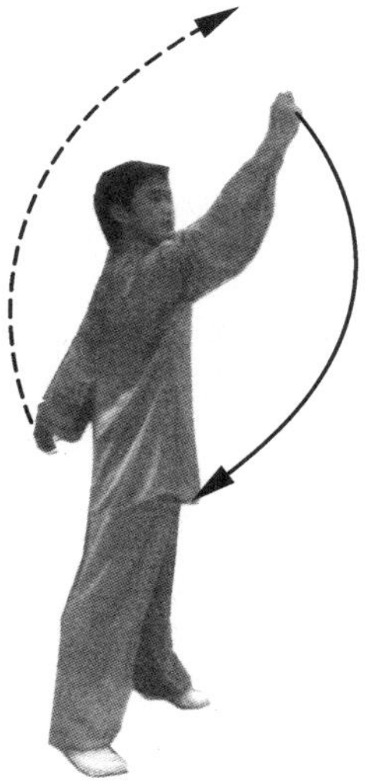

圖1-170

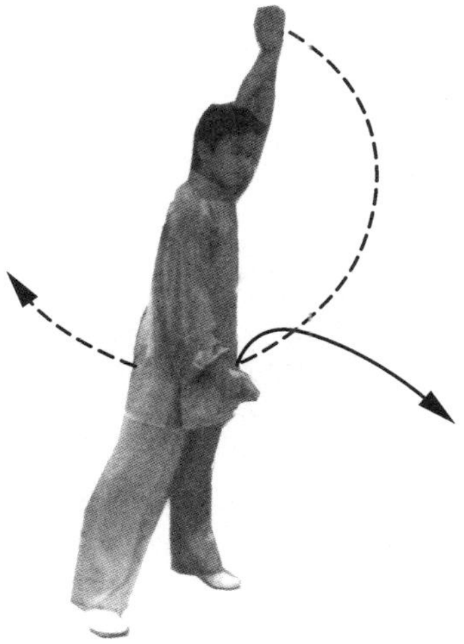

圖1-171

圖1-172

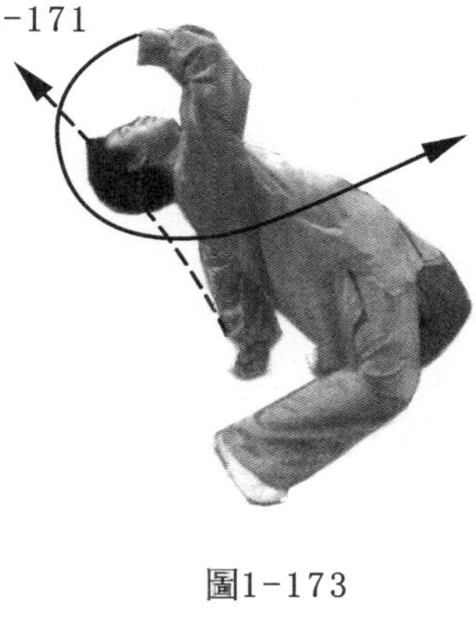

圖1-173

**46. 跟蹌步側摔**

（1）右握杯拳向右、向前弧形沉肘探出，拳眼朝上，左鉤手同時自然屈握，提於肩左側，上身向右傾斜；目視右握杯拳（圖 1－174）。

（2）上身繼續向右傾斜，左腳離地提於身前，右腳跟隨勢離地掀起，左手屈肘放於左肩前（圖 1－175）。

（3）上動不停，上身繼續向右歪倒，左腳趁勢從右腿前面向右前方邁步落地，左腿伸直，右腳隨之離地向左後擺起，右腿稍屈膝；同時，右握杯拳帶動右臂屈肘内旋，經過拳眼朝下，小臂從前向左、向後、向右、向前遶環一周（圖 1－176）。

（4）上動不停，上身向左傾斜歪倒，右握杯拳屈肘收至右肋處，左手變握杯拳，穿過右手背弧形向前伸出；左腳跟隨勢離地掀起，

圖1－174

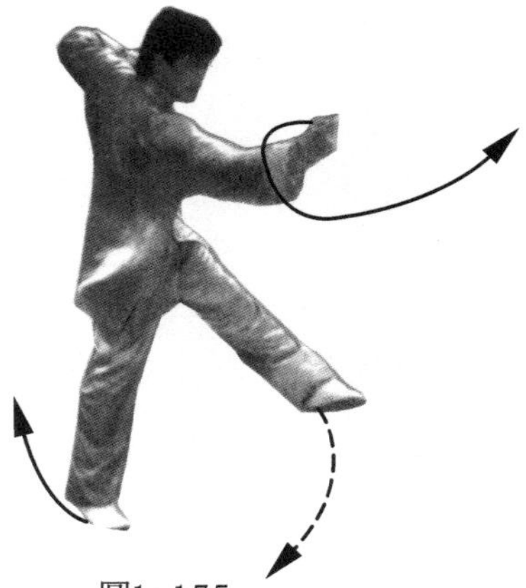

圖1－175

圖1－176

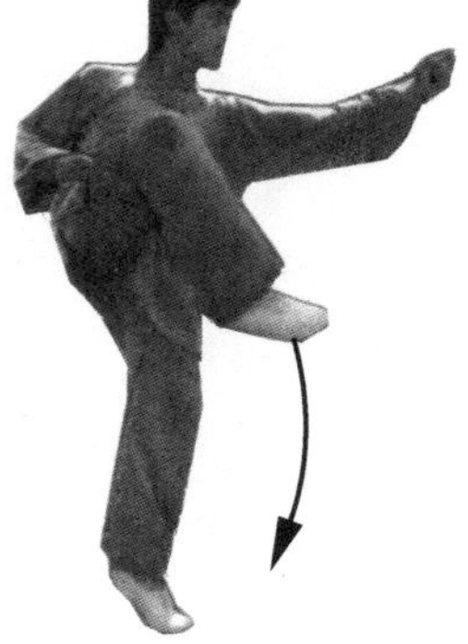

圖1－177

右脚同時從後向右、向前弧形擺動，屈膝提起；頭左轉，目視左握杯拳（圖 1－117）。

（5）上動不停，右脚趁上身向左歪倒之勢，從左腿前面向左前方邁步落地；目視右下方（圖 1－178）。

（6）上動不停，左脚在後離地提起，左腿稍屈膝，上身微向右轉；目視右後方（圖 1－179）。

（7）上動不停，左脚向左側方上步，重心移至左腿，上身向左側傾斜，右腿隨左傾之勢向上擺起；同時，左臂上舉，右拳變掌提於左肩前；目視左握杯拳（圖 1－180）。

（8）上身繼續向左側傾倒，摔於地面；左臂伸直，右掌扶於地下；同時，右腿向左腿并攏；目視左握杯拳（圖 1－181）。

要領：

踉蹌的步法必須與上肢動作相配合，使上下肢在醉形中和諧一致。

圖1－178

圖1－179

圖1－180

圖1－181

### 47. 爛醉争飲勢

（1）右腿屈膝提於左腿後側；同時，以右掌、左肘撐地將上身支起，左握杯拳拳眼對準口部，似飲酒狀（圖 1－182）。

（2）上動不停，右脚用力蹬地，上身向左前撲下，左脚收於右脚內側；目視左握杯拳（圖 1－183）。

（3）上動不停，右腿屈膝提於左腿後側；同時，以右掌、左肘撐地，將上身支起，左握杯拳拳眼對準口部，似飲酒狀（圖 1－184）。

（4）上動不停，右脚用力蹬地，上身向左前撲下，左脚收於右脚內側；目視左握杯拳（圖 1－185）。

要領：

做此動作時，手脚配合要協調，做出在爛醉時仍欲争飲酒的醉形。

圖1－182

圖1－183

圖1－184

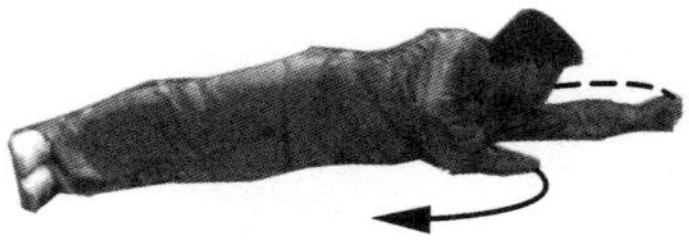

圖1－185

### 48. 肩手頂

（1）上身向右側滾轉，兩臂同時下放於身體兩側，手心朝上，頭左轉，成俯卧狀（圖 1－186）。

（2）上動不停，收腹屈腰使臀部抬起，兩脚向身前直腿收起；同時，兩臂屈肘收於胸前（圖 1－187）。

（3）上動不停，以頭、右肩、左手及右小臂支撑地面，兩腿經屈膝，然後向上伸直并攏（圖 1－188）。

要領：

做此動作時，速度不要太快，應稍緩慢地進行，且向上伸腿時，腰部要挺直。

### 49. 鯉魚打挺

（1）接上動，收腹使兩腿向身前下落（圖 1－189）。

（2）兩腿弧形由上下打，上身挺腹，振擺

圖1－186

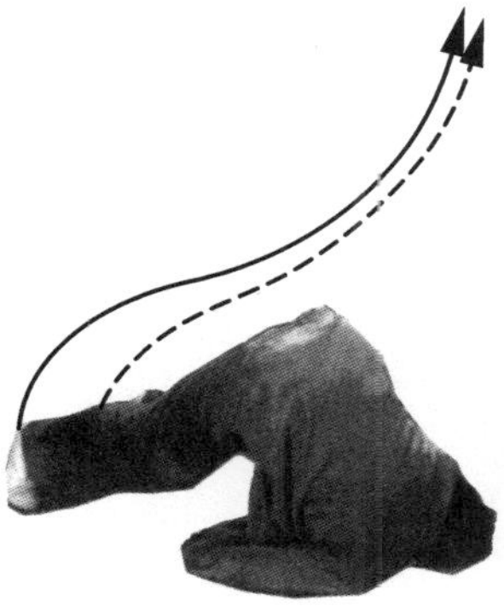

圖1－187

圖1－188

圖1－189

而起（圖 1－190）。

**50. 蓋步端酒勢**

（1）接上動，右掌變握杯拳，由下向右、向上直臂弧形舉起，拳心朝左；左掌自然屈曲，直臂擺向身後，上身直起；目視右握杯拳（圖 1－191）。

（2）上動不停，右握杯拳從上向前、向下直臂弧形下垂；左手隨之由後向上直臂弧形上舉；上身微前傾，目視前下方（圖 1－192）。

（3）上動不停，右脚經左脚前，弧形向正西方落步，右腿屈膝，左腿伸直；同時，左手下落屈肘收於左肩前，右握杯拳屈肘從胸前向正東方伸出平舉，拳眼朝上；身體微向左傾，目視右握杯拳（圖 1－193）。

要領：

蓋步時，動作要連貫，上下肢要協調一致。

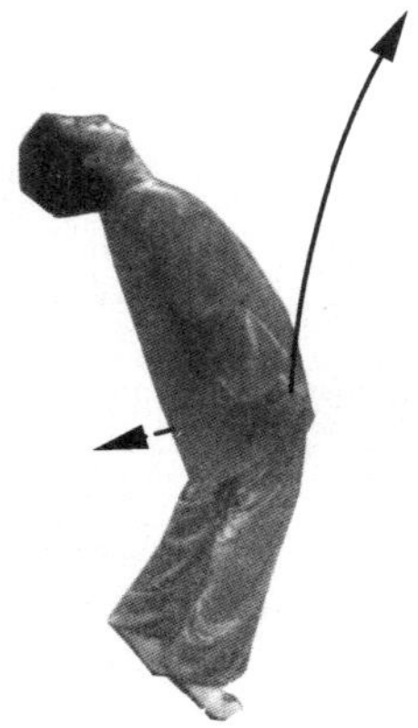

圖1－190

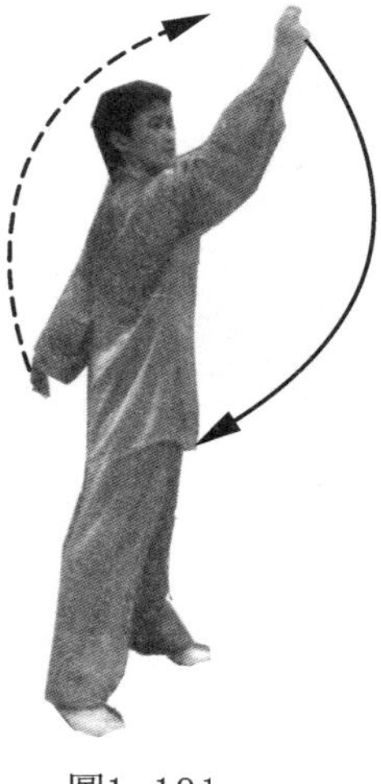

圖1－191

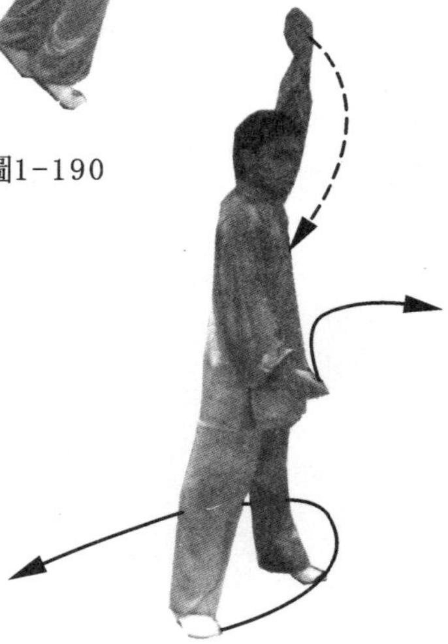

圖1－192

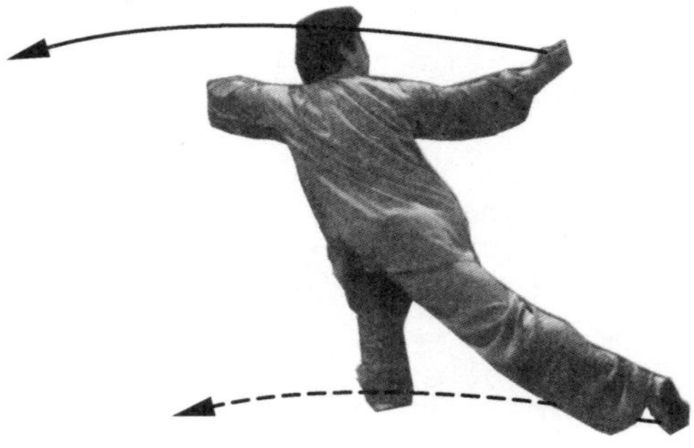

圖1－193

## 第六段

### 51. 提膝端酒勢

（1）接上動，左脚向前（正西方）落步，左腿屈膝，右腿伸直成左弓步；右拳直臂向北、向西弧形擺動至身前；目視前方（圖 1－194）。

（2）上動不停，右脚上步，右腿伸直，左腿微屈；同時，上身左轉，右臂屈肘收於右腰側，左手向左下、後上方弧形擺動；目視左側方（圖 1－195）。

（3）上動不停，重心移至右脚，右腿伸直，左腿屈膝提起；同時，左臂屈肘收於左肩前，右握杯拳向前（正東方）伸出平舉；目視右握杯拳（圖 1－196）。

要領：

上下肢動作要連貫、協調，左腿屈膝提起時要高，上身要挺直，不要屈腰、凸背。

### 52. 旋風脚騰空側跌

（1）接上動，左脚向左側落步，左手直臂上舉，右臂微下沉；目視左側上方（圖 1－197）。

圖1-194

圖1-195

圖1-196

圖1-197

(2) 上動不停，右脚經左脚前向正西方上步，脚尖内扣，脚掌落地；右手直臂向上擺起，左臂下擺微屈收至胸前(圖 1－198)。

(3) 上動不停，重心右移；右腿屈膝蹬地，左腿提起向左上方擺動，上體向左後上方翻轉；左臂向下、向上，右臂向下同時掄擺(圖 1－199)。

(4) 上動不停，右臂繼續向左上方掄擺，右腿蹬地跳起，隨身體旋轉之勢在空中做裹合腿，左掌在面前迎擊右脚掌，左腿仍屈膝(圖 1－200)。

(5) 上動不停，上身繼續左轉，成左側卧下跌(圖 1－201)。

要領：

①掄臂、踏跳、空中轉體裹合腿必須協調一致。

②做裹合腿時，右腿要貼近身體，膝要挺

圖1-198

圖1-199

圖1-200

圖1-201

直，脚腕内翻，擺腿由外向裏成扇形。

③擊響點要高，不得低於肩，左腿儘量屈膝上提。

④側跌時，必須使左臂内側、上身左側、左腿外側同時平放落地。

**53. 烏龍絞柱**

(1) 上身微起，右腿離地向身前擺起，右臂收至胸前(圖 1－202)。

(2) 上動不停，右腿繼續向前、向左、向後、向右上方掃擺，上身隨勢後仰躺地，左腿隨之向左、向後上方掃擺，右掌向右擺伸(圖 1－203)。

(3) 右腿繼續掃擺，左腿繼續向後上方掃擺，兩腿在上相絞；上身隨勢倒立矗起，以頭與右肩着地，左掌屈肘扶撐於頭前地下(圖 1－204)。

(4) 兩掌撐地，倒立旋轉一周，收腹屈腰使右脚落地(圖 1－205)。

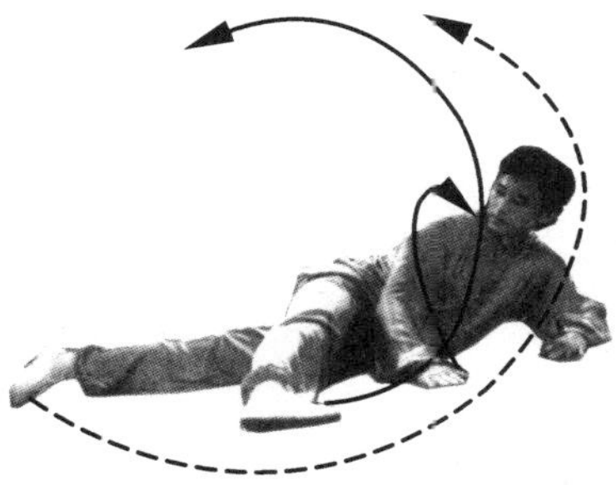

圖1-202

圖1-203

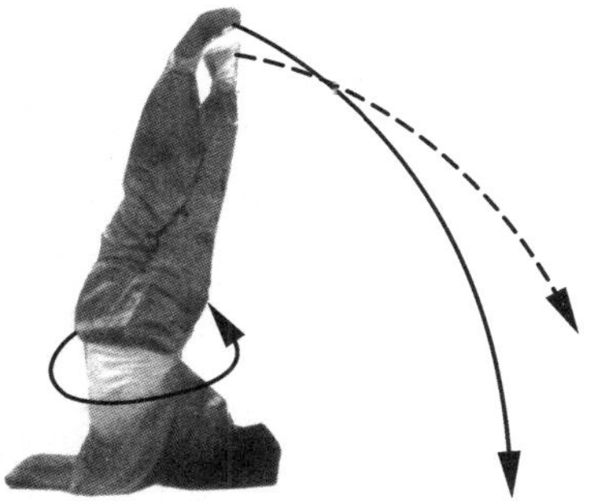

圖1-204

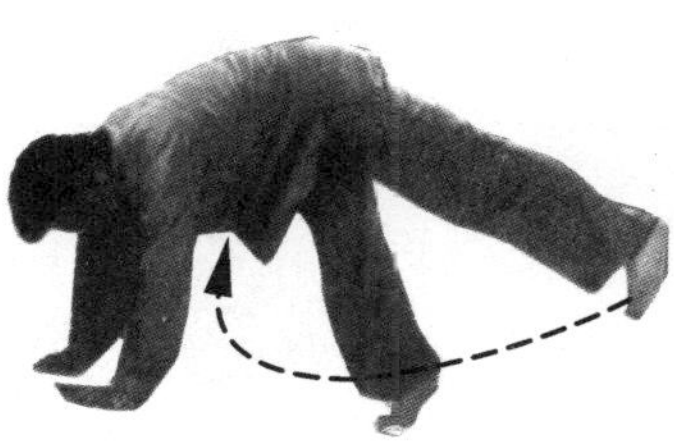

圖1-205

(5) 左脚從右腿和兩臂中間向右插伸(圖 1－206)。

(6) 左手向前屈肘以小臂內側扶地,成左側卧(圖 1－207)。

(7) 上動不停,重復做烏龍絞柱 5 次,至最後一次時,右腿從右向前、向左、向後、向左上方掃擺,上身隨勢後仰躺地,左腿隨之向左、向後上方掃擺,兩腿在上相絞;上身隨勢倒立矗起,以頭與右肩着地(圖 1－208)。

(8) 上動不停,成倒立旋轉(圖 1－209):

(9) 上動不停,右腿屈膝,盤腿落地:左腿隨之向正西方落地,上身坐起,兩掌變拳,屈肘舉向身前(圖 1－210)。

**54. 提膝斟酒勢**

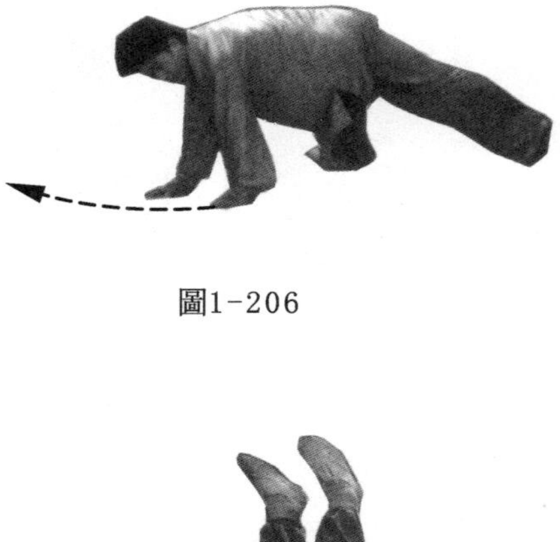
圖1-206

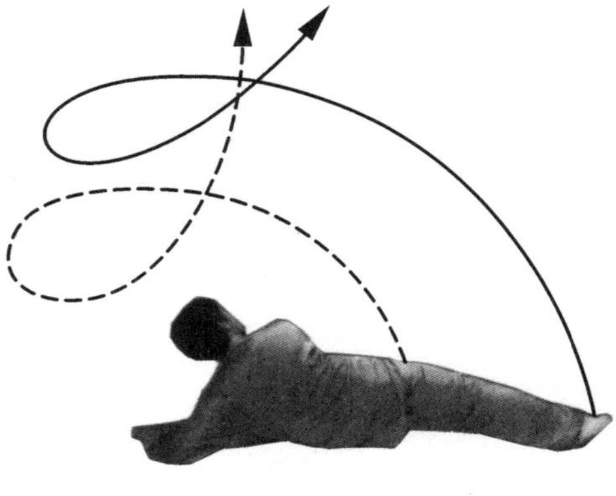
圖1-207

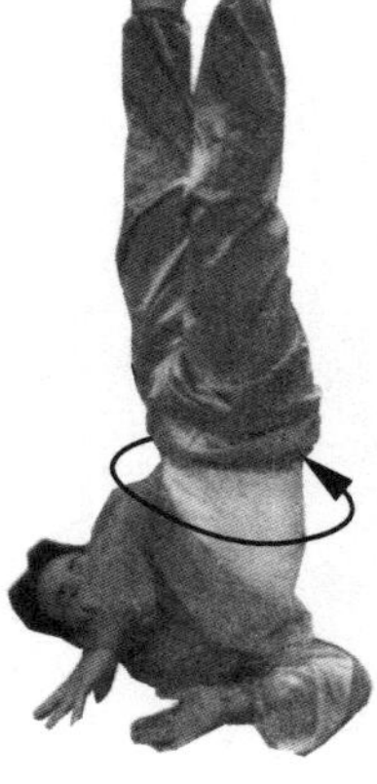
圖1-208

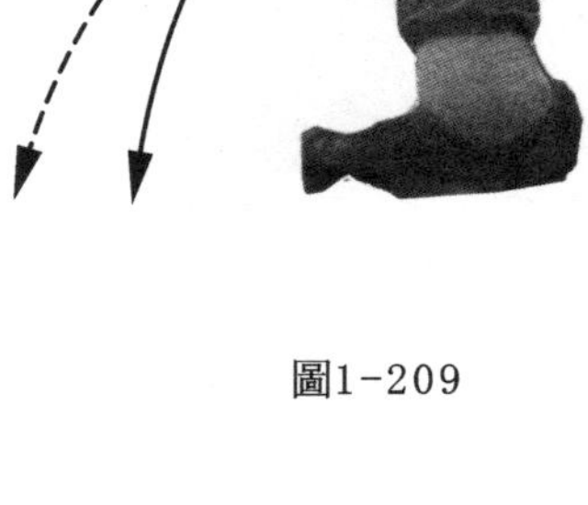
圖1-209

（1）右腿跪地站起，上身稍向左轉，左腿伸直站立，右腿屈膝提於身前，右腳腳面繃平；左拳在上身站起後從身前下方向左、向上弧形平舉，拳心朝右，右拳屈肘，收抱於右腰側，拳心朝裏；目視右前下方（圖 1－211）。

（2）上動不停，上身轉向正南方，右腳在左腳側踏步震腳，右腿伸直；左腳隨之向身前踢起，腳尖上翹，膝部伸直；同時，左拳變掌微下沉，拇指外側朝上；目視前方（圖 1－212）。

（3）上動不停，左腿屈膝提於身前，左腳腳面繃平；左掌同時變成握杯拳，屈肘收向胸前，拳心朝裏，拳眼朝上；右拳變掌隨之從右腰側向後、向上直臂弧形繞行，至上方時變爲劍指，屈腕向下指向左握杯拳，手心朝下；目向前平視（圖 1－213）。

要領：

①前踢腿高度須超過腰，踢腿後立即屈膝提至身前。

②提膝之後，右腿必須伸直，左腿儘量屈膝高提，站立必須穩固。

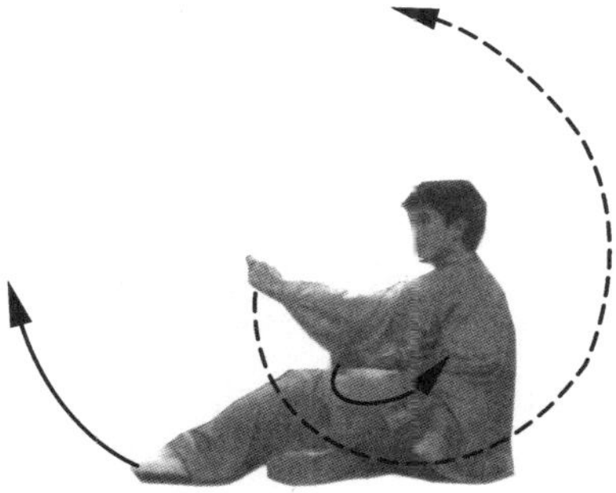

圖1-210

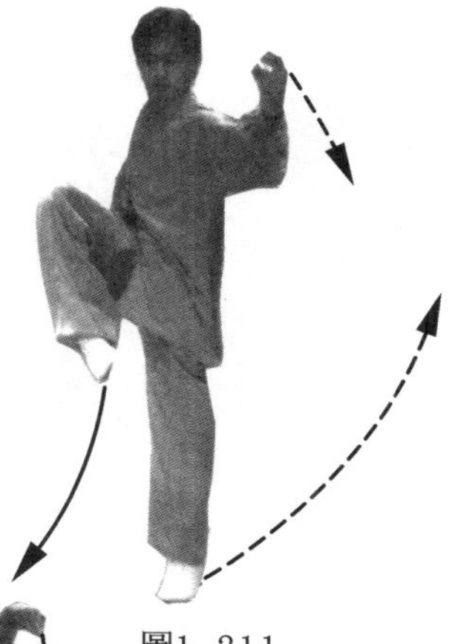

圖1-211

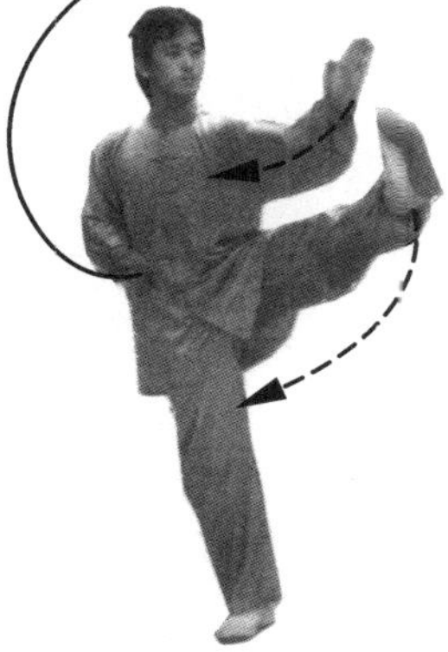

圖1-212

圖1-213

**55. 退步按拳**

(1) 左脚向身後退步落地,左腿伸直,右腿屈膝;左握杯拳在身前變掌,掌心朝上;右劍指變拳,從上向下用拳背擊拍左掌掌心(圖 1 - 214)。

(2) 右脚向後退步,兩腿伸直,左脚脚跟離地掀起;左掌變拳,與右拳一起在右脚退步的同時,從前向下、向兩側直臂弧形分開;頭向右轉(圖 1 - 215)。

(3) 上動不停,兩拳從身體兩側向上弧形擺起,然後屈肘經過兩耳旁,向身前下按,拳面相對,拳心朝下;頭左轉,目向左前平視(圖 1 - 216)。

要領:

上述的分解動作必須連貫;兩拳的動作要和步法配合一致;至最後一個動作時,兩肘要屈成半圓弧形,兩肩要鬆沉,上身要挺胸、直背、收腹,兩腿要伸直。

**收勢**

頭右轉面對正南方向,左脚回收與右脚并攏;兩拳變掌,垂於身體兩側,成立正姿勢(圖 1 - 217)。

圖1-214

圖1-215

圖1-216

圖1-217

要領：

挺胸、直腰、收腹、鬆肩，精神振作，呼吸要勻。

**醉拳實用示例**

**1. 裏手頂心拳**

（1）對方以右拳擊我胸部（圖 1－218）。

（2）我向右閃身，同時以右手臂從右向左格擋對方右腕（圖 1－219）。

（3）左脚向前上步，用右手頂心拳或鳳眼拳擊打對方胸部（圖 1－220）。

要領：

①以前臂格擋對方右腕時，不可硬格，只要沾到對方即可。

②以前臂貼住對方右腕外旋滾動，順引對方勁路。

③同時向左擰腰轉體，側身而進，以上步來調節與對方的距離。

④右拳點法或擊法都必須快速有力，力達於食指的第二指節。

**2. 蓋手頂心拳**

（1）對方以右拳擊我胸部（圖 1－221）。

圖1-218

圖1-219

圖1-220

圖1-221

(2) 我左手上舉(圖 1－222)。

(3) 左手下落以掌蓋住對方右拳(圖 1－223)。

(4) 以右拳擊打對方胸部(圖 1－224)。

要領：

①左手蓋壓時，以掌根、掌心、前臂來蓋壓對方，但必須壓在對方右腕的前後。

②在左手蓋壓對方時，上體須向左轉；同時，用左手把對方的勁力引向左側落空。

③上身前傾以調節與對方的距離，但儘量做到雖上身前傾而不失重心；同時，右拳快速向對方胸部擊出。

**3. 左刁右肩靠**

(1) 對方以左拳擊我胸部(圖 1－225)。

(2) 我兩臂屈肘上提，兩掌交叉，掌背相對，架住對方左擊拳(圖 1－226)。

(3) 同時，向右閃身，左掌虎口張開，四指并攏，拇指與四指卷屈，刁握對方左手腕(圖 1－227)。

圖1-222

圖1-223

圖1-224

圖1-225

(4) 右脚沿對方左脚外側上一大步，落於對方左脚後面，屈膝半蹲成弓步；同時，右前臂邊外旋邊順對方左臂下伸出，右肩貼於對方左胸，將對方靠出(圖 1－228)。

要領：

①十字架掌不要用力向上硬架。

②左手刁腕與上體左轉向右閃身的動作同時完成。

③左刁腕時，要順引對方勁路，使對方勁力落空。

④左脚上步後，右膝内側要貼近對方的左腿外側。

⑤右臂伸出時，先用“鑽”勁，後用“靠”勁，右肩靠出時，上身要向右傾，力達於右肩和右上臂外側。

⑥左手刁腕時，對方重心前移，可順對方動作回抽，順勢上步向前靠出；如對方重心不前移，可在右脚上步後，用“横”勁靠出，即右肩向前、向右方靠出；右膝貼靠對方的左腿向左方横擊。

**4. 左刁右擊面**

(1) 對方以左拳擊我胸部(圖 1－229)。

圖1-226

圖1-227

圖1-228

圖1-229

（2）我兩臂屈肘上提，兩掌交叉掌背相對，架住對方左擊拳（圖 1－230）。

（3）同時，向右閃身，左掌虎口張開，其餘四指并攏，拇指與四指卷屈刁握對方左手腕（圖 1－231）。

（4）左脚同時向前上步，右拳擊向對方面部（圖 1－232）。

要領：

①十字架掌、刁腕同"左刁右肩靠"中的架掌、刁腕。

②左脚向前上步是調節與對方的距離。

③刁腕、閃身、上步、右出拳要快速有力，一氣呵成。

**5. 上步左頂肘**

（1）對方以左拳擊我胸部（圖 1－233）。

圖1-230

圖1-231

圖1-232

圖1-233

(2) 我向後仰身抬頭，避開對方擊拳；同時，右臂屈肘護住頭面(圖 1－234)。

(3) 上體左轉，以右前臂格擋對方擊拳(圖 1－235)。

(4) 右脚上步，右拳屈肘落於右腰側；同時，上體右轉，側身前傾，左臂屈肘向對方左肋頂出，力達肘尖(圖 1－236)。

要領：

①仰身、抬頭的同時迅速向左轉體，以躲閃對方的左擊拳。

②右臂格擋動作要領同“裹手頂心拳”。

③右脚上步來調節與對方的距離。

④左肘頂出時，上身要前傾，頭部在對方左肘外側。

**6. 下勢撩襠**

(1) 對方以右拳擊我胸部(圖 1－237)。

圖1-234

圖1-235

圖1-236

圖1-237

(2) 我上體右轉，向左閃身；同時，右臂屈肘上提，臂內旋，以右前臂從左向右格擋對方右擊拳(圖 1－238)。

(3) 左脚上步鏟向對方兩脚之間，進入對方左脚後面；左臂隨上體右轉垂於身前，右拳變掌刁握對方右腕(圖 1－239)。

(4) 上體左轉，左腿屈膝成左弓步，重心前移，上體前傾；同時，右手刁腕向後帶，左拳向前向上撩襠，力達左腕(圖 1－240)。

要領：

①右小臂貼住對方前臂內旋滾動，右刁手時要順引對方勁力，用力向身後帶。

②左脚上步時，右腿要屈膝全蹲成左仆步，速度要快。

③左手向前穿襠上撩與右刁手向後帶，形成反方向，用力要協調一致。

**7. 騰越擊喉**

(1) 二人對峙，距離在 2 米左右(圖 1－241)。

(2) 兩腿屈膝下蹲，目視對方(圖 1－242)。

圖1-238

圖1-239

圖1-240

圖1-241

（3）兩脚用力蹬地，上身向右撲出，身體懸空；在空中左腿向左後上方高擺，右腿屈膝盤起，左掌放在肋前，右拳向對方喉部直臂平伸擊出（圖 1－243）。

要領：

①要準確觀察與對方的距離，以確定自己兩脚蹬地的力量。

②在空中擊拳要快速有力，力達食指第二指節。

③右臂、左掌、右腿要同時着地，成側卧勢，要避免因某一部位先着地而受傷。

圖1－242

圖1－243

# 二 楊式太極劍

# 楊式太極劍源流概述

楊式太極劍是楊式太極拳系之一。楊式太極拳起源於十九世紀中葉(清道光年間),距今150年左右,它深得人民羣衆之喜愛,在世界各地廣泛流傳,現已成爲億萬人民强身健體的主要方法之一。

楊式太極拳的創始人楊福魁(1799～1872),字禄禪(一作露禪),出身於河北廣平府永年縣城南關的一個農民家庭,永年縣學武之風盛行,禄禪從小學練少林拳,頗有根基,後經永年縣太和堂藥店掌櫃的介紹,赴河南温縣陳家溝從陳長興(1771～1853)學習陳式太極拳十八年始返里傳習。永年望族武澄清、武河清、武汝清兄弟三人家傳武術,亦從禄禪學太極拳。汝清薦禄禪去北京教拳,清廷親貴王公貝勒多從受業,人有强與比武者、禄禪能勝之而不傷人,名逐大噪,故有“楊無敵”之稱。後楊禄禪携倆子楊班侯(1837～1892)和楊健侯(1839～1917)寓端王府教拳,楊禄禪直至晚年才返故里。

楊禄禪爲了適應其某些學拳對象,逐漸删改了陳式太極拳原有的發勁、縱跳、震足和難度較高的動作;後經其第三子健侯(字鏡湖)修訂爲中架子,又經健侯第三子澄甫一再修訂,遂定型爲楊式大架子,以區别其伯父所傳習的小架子,成爲現代流行最廣的楊式太極拳。楊式太極拳是從陳式老架繼承發展而來,速度較均勻,不同於陳式的快慢相間,蓄發相變,練法平正簡易,易爲廣大群衆所接受,這是較陳式太極拳開展普遍的主要原因。

楊澄甫式太極拳的特點是:架式舒展簡潔、結構嚴謹、身法中正、不偏不倚、動作和順、剛柔内含、輕靈沉着兼而有之,一舉一動符合技擊方法,練法上由鬆入柔,積柔成剛、剛柔相濟,架式中有高、中、低之分,可以按照學拳者不同年齡、性别、體力條件及拳者不同的要求,可適當調整運動量,因之,它既適用於療病保健,也適宜於體力較好者用來增强體質,提高技術,由於楊式太極拳姿勢舒展,輕沉自然,中正圓滿,渾厚莊重，平正樸直，從而表現出氣派大、形象美的獨特風格。

楊式太極拳系中除有太極拳架、太極劍外，還有太極刀、太極推手（又稱打手）、太極粘黏十三槍等。太極拳架是掌握各項目的基礎，稱爲築基功夫；器械項目則要求身械協調，方法準確，形神兼備；推手要求聽勁靈敏，動之至微，引之深長，發之至驟；粘黏十三槍則是推手技術的延伸。

# 楊式太極拳要略

太極劍是太極拳類型的一種短器械。太極劍只因太極拳各流派的形成,而隨之分屬於各種流派。太極劍與太極拳拳理相通。

1. 明理

《周易・係辭傳》云:"易有太極,是生兩儀,兩儀生四象,四象生八卦。"又雲:"一陰一陽之謂道。"

《朱子語類・卷九四》中曰:"總天地萬物之理便是太極。"

王宗岳在《太極拳論》曰:"太極者,無極而生,動靜之機,陰陽之母也。動之則分,靜之則合。"又曰:"雖變化萬端,而理爲一貫。"他所說的"理"就是指"太極"。

可見太極是一種哲理,其核心是陰陽學説,陰陽代表着一切事物的兩個方面,它們既互相對立,又互爲依存。陰陽的對立、統一和轉化是天地間一切事物生長變化的根本。所以太極之理,也就是陰陽對立、統一和轉化之理。

太極是一切原動力,宇宙既有一太極,人身也有一太極,而且人身之腹爲太極,腹部指的是位於臍下三寸的丹田,從生理學言之,該處接近骶神經叢,是人體重心所在,是真氣滙集之處,通稱爲"氣海"。習練太極拳時要求"氣沉丹田",沉氣實腹以保证重心的穩定和動作上的機動靈活,所以《十三勢歌》中說"命意源頭在腰隙,刻刻留心在腰間",腹部一動,兩手兩足以致全身皆動,因"太極"爲"陰陽之母",太極一動,陰陽也隨之變化。太極拳運動之特點,以及其在技擊上的應用,都是以太極哲理爲基礎的,其走架中的進退、顧盼、長短、高低,發勁中的虛實、横竪、剛柔、蓄發,内氣運行中的起落、伸縮、團聚、開合以及綿綿不斷,大圈小圈的弧形運動,都是陰陽對立、統一、轉化的矛盾運動。故太極拳是以《周易》的陰陽學説爲基礎發展起來的,哲理深奥,内容全面,處處符合於天地萬物生化之道,是一種非常科學的運動形式。

2. 重形

楊式太極拳共有八十五式,其中包括不同的式子三十七個,雖然太極拳有“重意而不重形”的説法,但這是指功夫較深、動作已定型,只須從内動來帶動外形者而説的,對初學者還是應該先重形後重意,先須力求一個動作的姿勢正確,并在連貫的複雜動作中處處保持正確的姿勢,將來才能逐步提高技術。現把練習楊式太極拳對身體各部位的要求簡述如下:

練拳時頭要正直,不低頭、不仰頭、不左右歪斜,轉動時要自然平正,要防止摇頭晃腦。面部肌肉要自然放鬆,動作時目光應隨着主要的手或足轉動,定式時目光應視前方,呼吸要自然,動作熟練可以逐漸做到呼吸與動作配合,但不要勉强配合。

頷要微向内收,不可仰起,也不要内收過多,頭部百會穴輕輕上提,保持“虚靈頂勁”的姿勢,但頂勁不能太過,也不可不及,頸項要端正竪起,而且要鬆竪,不犯僵硬。

肩關節要鬆,在鬆肩的前提下,要求沉肩,助於“氣沉丹田”;兩肩要平齊,防止在轉動時出現一高一低,破壞身法的端正。

肘關節要鬆垂,肘尖要自然下垂,動作時肘尖的高度不得超過肩關節,否則,易犯聳肩抬肘的毛病。

腕關節要坐,使勁易貫指尖,手最爲靈巧,手法變化最多,手型分爲掌、拳、鈎三種。掌法要求手指鬆舒,握拳方法是四指并攏卷屈,拇指壓於食指和中指上,但握拳不宜太緊,鈎手是五指撮在一起屈腕而成鈎手。

太極拳是采用腹式深呼吸,因此,胸部采用“含胸”的方式,在不增加呼吸的頻率情况下,來加强呼吸的深度,如挺胸則胸部緊張,破壞了呼吸的自然深長,保持“腹實胸寬”是練好太極拳的重要環節。“含胸”和“拔背”是聯在一起的,能含胸就是拔背,含胸的作用是爲了有利於化勁,而拔背的作用則是爲了有利於卷勁和放勁,在技擊上它們是蓄發相變的關係。

腰是上下體轉動的關鍵,對全身動作的變化,調整重心的穩定,以及使勁力到達肢體各部份,都起着主要作用。太極拳對腰部的要求是鬆沉直。要鬆而沉是爲了使“氣沉丹田”能够沉得充分,使上體氣不上浮、下肢穩當有力,而又轉動靈活,還要求腰部要直,在鬆沉中要有往上頂和拔長之意就能直,腰直就表明這一轉動的中軸不彎、不摇晃,只有中軸不彎不摇晃地轉動,才能使内勁達到支撑八面的靈活巧用,而不致於偏向一面。偏於前後爲俯仰病,偏於左右爲歪斜病。另外。腰部運用得當，可以加强發力，提高運動速度，并使周身之力量集中於一點，太極拳首重身法，因此，總的虛實在腰部，其次在胸。腰部在動作時，靠左右腰隙交替抽換來分虛實。

臀部的生理結構是微向外突的，但在練太極拳時如果過於外突，必有彎腰低頭之病，故太極拳提出“斂臀”的要求。“斂臀”的作用是在“氣沉丹田”和“圓襠”的配合下，能使腹部充實團聚，加强横膈呼吸運動的作用，有助於提高腹肌的韌性和彈性，臀部易保持中正。

襠即會陰部位，頭頂百會穴的“虛靈頂勁”要與會陰穴上下相呼應，這是保持身法中正“上下一條綫”的鍛煉方法。襠要圓又要虛，不可夾住像人字形的尖襠，腰鬆沉，臀部微斂，襠勁自足，襠勁下足後，膝關節更有力，足底踏地也更平實，從而樁步更穩固。下襠勁和“氣沉丹田”的動作是協調的。因此，小腹更爲充實，重心也降得更低而穩定。襠一虛那就是實中有虛，轉動就顯得靈活，下部襠勁下好，上部頂勁領好，身法自然端正穩重。

膝關節是調整腰腿動作的關鍵，胯是腰腿的轉關之處，胯關節鬆開後，腰腿的動作就更爲靈活協調。

腿部支撑全身活動的重量，而以膝關節的負擔最大，因此，膝關節必須有力而又靈活，定式時膝關節要有微向内扣之意，兩膝前後（或左右）互相呼應，配合襠撑開撑圓，把襠勁合住，這叫做“合中寓開”使得下體沉着有力，襠部也能保護得住。另外，前足弓踏實時，膝尖不可超出脚尖，以免失去平衡，小腿也不宜站直，這樣會影響到下一動作的靈活性。

足爲步型、步法的根基，根基稍不穩，步型、步法必亂，足尖的上翹、下落、外撇、内扣、前進、後退都須由拇趾領勁，楊式太極拳的上肢動作是以手領肘，以肘領膊的。下肢是以足領膝，以膝領股的，其關鍵全在於手指尖、足趾尖輕輕領住手足運行，不可犯硬，犯硬則不能輕靈。

上面簡述身體各部位姿勢的要求，是貫串在整套楊式太極拳動作之中的，它們是互相聯係、互相制約的，某一部位姿勢不正確，就會影響到其他部位的姿勢。初練時，必須逐步把各部位姿勢認真地分節分動地安排恰當，相順相隨，避免互相牽制。也就是説要在手型、手法、步型、步法、身法和眼神等基本功夫上打好基礎，在此基礎上再進一步領會整體動作的鍛煉要領。如虛靈頂勁、氣沉丹田、含胸拔背、鬆腰斂臀、圓襠鬆胯、沉肩墜肘、舒指坐腕、尾閭中正、内宜鼓蕩、外示安逸、運勁如抽絲、邁步如猫行、往返須有折叠、進退須有轉换、動静有常、勢勢均匀、勢勢相連、綿綿不斷、勢圓無凹凸、心静無雜念、用意不用力等等。這樣經過反復練習和反復體會,就能逐步掌握動作中的速度、路綫和方法,就可以逐漸達到立身中正安舒、動作連貫圓活、上下相隨、周身協調、由生到熟、熟能生巧,這是逐步提高技術的必須過程。

3. 練勁

太極拳的勁是指"内勁",它是由意識指導動作、放鬆肌肉、動作螺旋式地劃弧轉圈、反復絞轉、鬆緊交替的鍛煉方法形成的。練習日久,外形上全身柔和、輕靈、圓活,體内和手臂有一股渾厚沉重的力量,變换極爲迅速、靈活,可以隨意轉换和集中到某一點。

在外形即姿勢基本正確時,就要及時轉入練勁的階段,楊式太極拳練勁的步驟是:由鬆入柔、積柔成剛,剛復歸柔、剛柔相濟。

鬆與緊、柔與剛是對立統一的關係,是相輔相成的,人體的運動主要是靠肌肉的張與弛,即肌肉群的屈伸協調來完成的。由於楊式太極拳架的特點是姿勢舒展、輕沉自然、中正圓滿、渾厚莊重,剛的表現不顯於外,而是柔中寓剛,即使在"積柔成剛"的階段,肌肉的放鬆時間還是多於緊縮的時間,太極拳每勢的運轉過程是鬆緊的,到定式時是沉着的、貫勁的。《太極拳論》曰:"柔過勁、剛落點"和"忽隱忽現"正是太極拳剛柔的適當運用和靈活變化。如果練習太極拳在姿勢稍有基礎時,不及時轉入練勁階段,就會出現動作"空空",缺少"内涵",即一般所説的擺空架子。

楊式太極拳的勁有聽、化、拿、發、沾、黏、引、走、懂、開、合、提、沉、掤、攌、擠、按、採、挒、肘、靠、截、鑽等勁法。

拳架中的掤、攌、擠、按是基本勁法,在"攬雀尾"一式中包含此四勁,掤勁又是諸勁的基礎。欲練掤勁,首先從鬆柔人手,日久才能練出沉實有力富有彈性的掤勁,掤勁决非硬力,掤勁是靈活的、成弧形的,既可以化掉來力,又可以反彈出柔軟的粘勁,推手中如無掤勁,一搭手即爲人所壓癟、無以爲抗了。所以太極拳的掤勁極爲重要,掤勁的質量越高,推手時發揮沾、粘、連、隨的作用越大,就越容易用肘部和手掌去牽動對方的重心,破壞對方的平衡;在引進化勁時也不易被對方壓扁成爲引進落實,使自身處於不利地位,而能充分發揮"引進落空"的作用。

太極推手運動,從避敵到剋敵制勝,運用聽化拿發四種勁法的全過程中,以聽勁爲基礎。所謂"聽勁",不是用耳朵去聽,而是以周身皮膚之觸覺來感知,主要是接觸、瞭解對方,它包括沾、連、粘、隨四個部份。在未練聽勁之前,須練習沾粘勁,若不明沾粘而不能聽,沾粘勁即不丢之勁,是太極拳推手中最需要的基本内勁。初練時,兩手没有感覺,猶如木棍,慢慢地由手而臂、而胸、而背以至周身皮膚逐漸産生感覺。有感覺才能有沾粘,有沾粘方能將對方吸引,從而爲我所制。其實質在於運用良好的鬆沉勁,發揮出靈敏的觸覺,使自己與對方相貼時不丢不頂中聽勁,它是控制對方的重要手段。

太極拳論曰:“由着熟而漸悟懂勁,由懂勁而階及神明”;又曰:“陰不離陽,陽不離陰,陰陽相濟方爲懂勁。”

這裹述及練拳的三步功夫,着熟爲初級功夫,即求得攻守方法之熟練而已。懂勁由方法之熟練至習慣自如,使思念變成本能,即敵方勁路之方向,無須着意辨認,肌膚自有感覺,身體各部反應之機能極爲靈敏。

陰陽在太極拳法中所指的概念極爲廣泛,大抵互相對峙的事物都概括在陰陽的範疇之中。只有在練拳架時,從大虛大實進到虛實結合,在推手時從陰陽相乘進到陰陽相濟,才能及時調整平衡而應付任何變化,這樣陰陽滲透,以虛濟盈,互爲消長,因果相生,到此程度,才能算練得懂勁。

神明爲第三步功夫,即得屈伸動静之妙,開合升降之效,此步功夫全重精神修養。

4. 求意

(1) 以意識來引導動作。

練太極拳最重要的原則是“心静用意”,并貫串在練拳的全過程中,即在練拳時思想集中,意識不斷地指導動作,并且靈活變换,使任何動作都有一定的指向,不能有顧此失彼的亂動。許多拳家把精神鍛煉和肉體鍛煉看作同樣重要,甚至把前者看得更爲重要,提出了“用意不用力”的原則,使所有動作,在意識連續貫注下輕輕運動,不使拙力,落實太極拳所特有的内在運動規律,去追求鬆、静、圓、穩、勻等。從而提高鍛煉的效果,所謂“先在心,後在身”,“神爲主帥,身爲軀使”,“意動形隨”就是這個意思。

(2) 以意識來貫注勁力。

練拳時留心意注丹田,腰部鬆沉直竪,骶骨有力,帶脈(腰部周圍一圈)自然充實,下部自然有穩重的感覺。胸背部份的肌肉和骨節用意識控制儘量鬆舒下沉,自然就可形成“含胸拔背”的姿勢,上肢以意貫勁,則敷滿於全部手臂，而勁點則隨動作的技法作用而隨時變換，使沉肩垂肘、内勁貫足、沉着、鬆静兼而有之。

（3）練拳時要有攻防意識。

即練拳時要設想面前有一敵與自己撃鬥的全部情狀，整套動作都可根據主觀上所設想的敵情而作出的假設動作。具體地説，就是設想敵人如何對我進攻，然後據以作出有效的進擊動作，把敵擊倒或使敵失勢，總之要有設想的敵情，作爲自己運動的根據。更精細者還要設想到自己動作的應有效果。設想敵情當然要力求切實、全面、精細，否則，不能收到應有的鍛煉效果。

以上三者是既有聯係又有區分，但不能截然分開。另外，意、氣、勁更是密不可分的，否則，就達不到求意的效果。

5. 法變

陰陽是物質的，陰陽變化則是物質的運動，宇宙間一切物質的存在與消亡，皆在一個“變”字，外因是變化的條件，内因是變化的根據，故無論練拳（走架）或推手（打手）都要着意在“變”字。先有内變（即意氣勁之變），然後才有形態之變，這就是始有意念的變化，繼而氣、勁的變化，最後是手法、身法、步法的變化。拳論曰：“神爲主帥，身爲軀使。”太極拳的“變”是根據太極之理、陰陽之義循環無端而變化莫測的。太極拳論曰：“動急則急應，動緩則緩隨，雖變化萬端，而理爲一貫。”又曰：“不偏不依、忽隱忽現。”《十三勢行功歌訣》云：“變换虚實須留意，氣遍身軀不稍滯，静中觸動動猶静，因敵變化示神奇。”《十三勢行功心解》又云：“形如搏兎之鵠，神似捕鼠之猫，静如山岳，動似江河。”這形、神、静、動四字皆含有變化之，至於變得好壞，關鍵在於意，所以説：“意氣須换得靈，乃有圓活之趣。”這“换”字也即是變的意思。變化是循環的螺旋形的，因此，太極拳在開合、虚實、起承、轉合等動作中，都由弧形、圓圈所組成，内勁的運用也是帶有螺旋的纏絲勁。

總之明理、重形、練勁、求意、法變是掌握和提高太極拳運動技術水平的主要規律，它們相輔相成，同處於太極拳運動的統一體中，是不能截然分割開的。

綜上所述“理、形、勁、意、法”也是練好太極拳的五字要訣，不明其理必是個庸庸碌碌之輩，难能探索太極之深奥哲理；不懂其形，正如水中撈月、畫餅充飢而一無所獲；不曉内勁則是空中樓閣、天邊星月，可望而不可得；不知用意猶如羣龍無首，一盤散沙，難以凝聚；不能用法如花拳綉腿，可看而不實用。

因此，要學好太極拳必須明其理，學其形，懂其勁，領其意，用其法，五步并進，才有指望向高深境地挺進。

另外，太極的動作以弧形爲主，刻意一個圓字，圓周可以永遠周而復之，無窮無盡，循環不息。內含陰陽，不偏不倚，達到中正平穩。通過練習太極拳不僅可以起到人體氣血循行通暢，新陳代謝旺盛，身强力壯，還能修身養心，行爲端莊，舉止斯文，禮儀周全，動作幹練。毅然撲身於習練太極拳，還能啓迪我們去認識中華民族傳統的凝聚力量。

# 楊式太極劍的訓練

當學會楊式太極拳後，稍有功夫，即有了一定的基礎，才能進一步練習太極器械如太極劍、太極刀等。因爲各種器械的練習都必須有拳術的基礎，如果對楊式太極拳的基本姿勢、手法、步法、眼法、身法、勁法等一無所知，是無法練習太極器械的，也是不可能練好的。因此，在練習楊式太極拳的基礎上，才能練習太極器械。除此還要瞭解各種器械的特點，因爲由於各種器械的結構不同，使用的方法也不同，這種器械本身的特點也就不同。譬如，劍和刀是兩種不同的短器械。劍是兩面刃，刀是一面刃；劍的使用方法主要爲刺，力點在尖；而刀的使用方法主要爲劈、砍，力點在刃。另外，刀有刀背，可以使刀背貼身運轉。而劍是兩面刃，就不能使劍刃貼身運轉了。除了掌握劍的特點外，還必須做到以下幾點：

1. 形體工整

練習太極劍每個動作的姿勢，都必須按照一定的規格要求，做到中正、準確、匀稱、結構嚴謹、綫路清楚。人體可分爲軀干和兩上肢和兩下肢，統稱爲五體，太極劍的每一個動作都由這五條綫結合所組成的，如果這五條綫的結構不工整、不匀稱，就會形成左右歪斜，姿勢就會不完整不優美。而且，劍術的勁力也不可能由内達外地發揮出來。

2. 方法清楚

劍的主要方法有刺、點、崩、斬、抹、掛等。這些方法都有嚴格的規定。崩劍要求立劍沉腕使劍尖向上，力達劍尖爲崩；點劍是立劍提腕、使劍尖向前下，力達劍尖爲點劍。如果崩劍時，做成提腕使劍尖向下力達劍尖，做點劍時沉腕使劍尖向上力達劍尖，這就叫點、崩不分，劍法混亂。

3. 身械協調

練習劍術强調用整個身體來帶動器械的活動，每一個動作都要求肩、肘、腕、胯、膝、足以及胸、腰都必須與劍法配合，做到身械協調。

凡劍法所動，都應做到以身帶肩、以肩帶臂、以腕製械，腰、腿助力，使劍法能通過腰、肩、臂、腕的整體活動將力量發揮出來，如果身腰不活，肩、肘、腕僵硬，就不能形成動作的整體活動，身械也就不可能協調了。

4. 氣勢連貫

練習楊式太極拳時要求勢勢相連、綿綿不斷，而在練習太極劍時同樣要求氣勢連貫，即在整套的劍術中，所有的動作都應該是“連綿相屬、氣脈不斷”的。即把整套的劍術從頭到尾不停頓地一氣呵成。雖然有的動作外形上看來有些停頓，而實際上能够通過内在意識的活動，通過眼神把前後動作連貫起來，這叫做“形斷意連”，從而達到整套動作的勢勢相連。

5. 意在械前

劍論曰：“凝神定氣，手足相應，意前劍後，心聞手敏。”我們練習太極劍時要求意前械後，即我們的意識要走在器械動作的前面。譬如，“弓步刺劍”動作開始前，就應該先假設前面有一敵人，我即用右足邁步，後腿蹬伸，右手握劍向前立劍向敵方腹部刺去，力達劍尖，意識貫注劍尖。除此，我們還要想到左手的協調配合及整體動作氣勢完整等。如果我們意識在械後，那麽動作就會缺乏内涵，身械不協調，勁力不能貫注劍尖。

以上形體、方法、協調、連貫和意識的幾大要領分而論之爲五個方面，合而言之則是一個統一的整體，必須形神相合，身械一致。唐代詩人杜甫曾有詩曰：“昔有佳人公孫氏，一舞劍器動四方。觀者如山色沮喪，天地爲之久低昂。㸌如羿射九日落，矯如群帝驂龍翔。來如雷霆收震怒，罷如江海凝清光……”杜甫觀公孫大娘弟子舞劍器的描述如此精細周到，形象生動，成爲唐詩中膾炙人口之作，細細品味，依然離不開形、神、身、械、法五大要素。不論是練劍、練刀或練槍、棍，萬變不離其宗。但要達到如此得心應手的上乘境界，非一朝一夕可圖速成。

所謂“拳練千遍自然熟，拳練萬遍才能精”。只要用心揣摩、刻苦鍛煉、持之以恒，總有一天會達到“一舞劍器動四方，觀者如山色沮喪”的程度。

# 楊式太極劍的基本劍法

1. 刺劍

劍刃分爲上下,用劍尖向前直刺,力點在劍尖,爲立刺。劍刃分爲左右,力點在劍尖,爲平刺。

2. 劈劍

立劍,由上向下爲劈,力點在劍身。掄劈劍沿身體右側或左側繞一立圓。

3. 掃劍

平劍向左(右)横出,高與踝關節平爲掃,力點在劍身。

4. 抹劍

平劍向左(右)弧形抽回爲抹,高度在胸腹之間,力點在劍身。

5. 撩劍

立劍,由下向前上方爲撩,力點在劍身前部。正撩劍前臂外旋,手心朝上,貼身弧形撩出;反撩劍前臂内旋,餘同正撩。

6. 捧劍

兩手屈肘抱劍於胸腹前,劍刃朝左右,劍尖略高於腕。

7. 崩劍

立劍,沉腕使劍尖猛向前上爲崩,力點在劍尖。

8. 削劍

平劍,由左下向右上爲削,力點在劍身前部,手心朝上。

9. 點劍

立劍,提腕使劍尖猛向前下爲點,力點在劍尖。

10. 抱劍

右手抱劍於胸前,劍尖朝右爲横抱劍;劍尖朝上爲立抱劍;劍尖朝前爲平抱劍。

11. 截劍

劍身斜向上或斜向下爲截，力點在劍身前部。上截劍斜向上；下截劍斜向下。

12. 帶劍

平劍或立劍由前向左（右）側後方抽回爲帶，力點在劍身。

13. 抽劍

平劍或立劍，由右（左）向左（右）或由前向後直綫抽回爲抽劍。

14. 架劍

立劍橫向上爲架，劍高過頭，力點在劍身。

15. 攔劍

立劍由右（左）下向左（右）上弧形上撩爲攔，力點在劍身。

16. 挑劍

立劍由下向上爲挑，力點在劍尖。

17. 掛劍

立劍，劍尖由前向上，向後或向下向後爲掛，力點在劍身前部。

# 楊式太極劍動作名稱

預備勢
1. 起勢
2. 提膝反刺
3. 提膝劈劍
4. 仆步橫掃
5. 右左抹劍
6. 左虛步撩
7. 轉身下刺
8. 提膝捧劍
9. 跳步下刺
10. 弓步崩劍
11. 轉身下刺
12. 弓步斜削
13. 左虛步撩
14. 虛步反點
15. 右左平刺
16. 虛步抱劍
17. 提膝上刺
18. 虛步下截
19. 左弓步刺
20. 轉身平抹
21. 左右帶劍
22. 提膝捧劍
23. 跳步平刺
24. 轉身抽劍
25. 并步平刺
26. 左右劈劍
27. 弓步反刺
28. 右弓步劈
29. 虛步點劍
30. 提膝架劍
31. 弓步掛劈
32. 虛步掄劈
33. 弓步斜削
34. 右弓步撩
35. 提膝下刺
36. 轉身抽劍
37. 虛步藏劍
38. 開立平刺
39. 弓步斜削
40. 左右攔劍
41. 虛步藏劍
42. 點步捧劍
43. 左右帶劍
44. 弓步下刺
45. 弓步挑劍

46. 提膝捧劍
47. 跳步平刺
48. 轉身劈劍
49. 弓步平刺
50. 弓步豎劍
51. 旋轉平掃
52. 虛步捧劍
53. 開立刺劍
收勢

**楊式太極劍動作圖解**

**預備勢**

兩脚并攏，脚尖朝前，面南站立，身體正直，暢胸舒背；兩臂自然下垂，右手五指并攏，手心朝裏，左手持劍，手心朝前，劍身竪直貼在左臂前，劍尖朝上；平視前方（圖 2－1）。

要領：

頭頸自然竪直，下頦微收，上體保持自然，不可挺胸收腹。劍刃不可觸及身體。兩肩要自然鬆沉，右手手指自然微屈。精神要集中。

**1. 起勢**

（1）左脚慢慢提起向左開步，兩脚距離同肩寬，脚尖皆朝前；同時，右手成劍指，指尖朝下，右臂微屈成弧形；平視前方（圖 2－2）。

（2）兩臂慢慢向前平舉至肩高，兩手相距同肩寬，手心朝上；平視前方（圖 2－3）。

（3）上動不停，兩肘下沉兩臂慢慢向下，經左右臂内旋向前劃弧；同時，左手持劍以腕爲軸使劍尖在身左側由後向上、向前、向下、再向後立圓劃弧；高與肩平，兩手心皆朝下；平視前方（圖 2－4）。

（4）上動不停，身體微向右轉，重心移於右腿，右腿屈膝下蹲；左脚尖點地；隨轉體左手持劍向右劃弧屈肘至右胸前，手心朝下；右手劍指邊臂外旋邊向下、向右前方劃弧，臂微屈，腕同肩高，手心斜朝上；目視右手劍指方向（圖 2－5）。

（5）上動不停，身體左轉，左脚向左邁步，

圖2－1

圖2－2

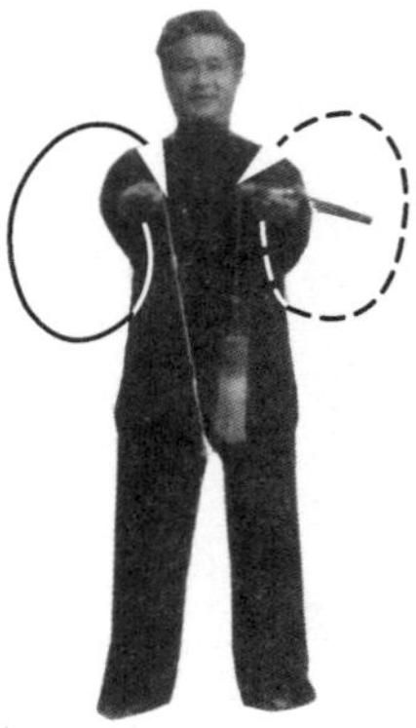
圖2－3

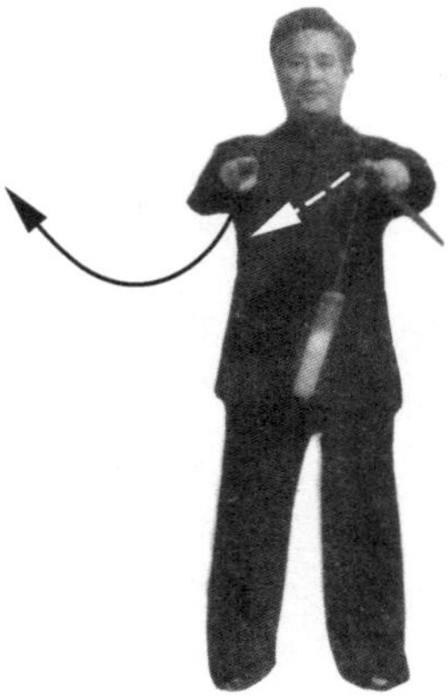
圖2－4

先以脚跟着地，隨着重心漸漸移向左腿而至全脚踏實，左腿屈膝，右腿自然伸直成左弓步；左手持劍隨轉體向下經左膝前向左劃弧至左胯旁，臂微屈，手心朝後，劍身豎直，劍尖朝上；右手劍指屈肘經右耳旁向前指出，手心斜朝前，指尖朝上；平視前方（圖 2－6）。

要領：

兩手必須隨腰的轉動而動作；邁步時注意不要突臀，邁步轉體和兩臂動作要協調一致。重心移動時上體要保持中正安舒。肩要鬆沉，兩臂不可僵直，右手要坐腕。

**2. 提膝反刺**

（1）左脚尖外撇踏實，隨重心前移，右脚提起經左脚內側向前上步，脚尖點地，兩腿略屈膝；同時，左手持劍屈肘上提以劍柄領先，經胸前後右手上穿出，手心朝下，劍尖朝左；右手劍指邊臂外旋邊屈肘收回至腹前，手心朝上；雙目平視前方（圖 2－7）。

（2）上動不停，右脚向右前方上步，先以脚跟着地，隨着重心漸漸移向右脚而至全脚踏實，右腿屈膝，左腿自然伸直成右弓步；同時，右手劍指邊臂內旋邊附於左腕上向前推出，兩手心皆斜朝下；雙目平視前方（圖 2－8）。

（3）上動不停，隨重心前移，左脚收提至右脚內側，脚尖自然下垂；同時，兩手沉肘向下劃弧至胯旁，手心皆朝下；目向右平視（圖 2－9）。

（4）上動不停，左脚向前上步，先以脚

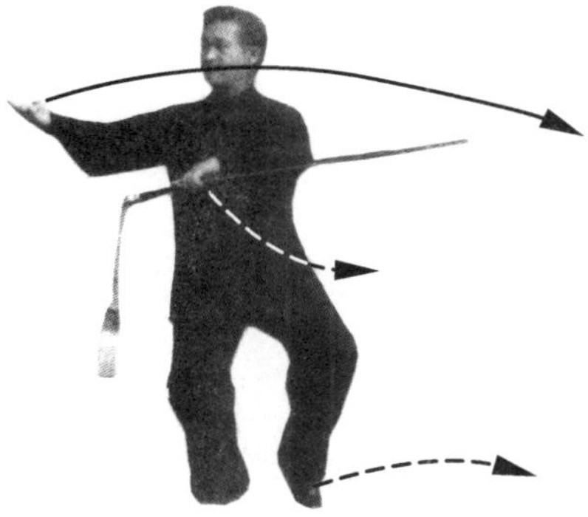

圖2－5

圖2－6

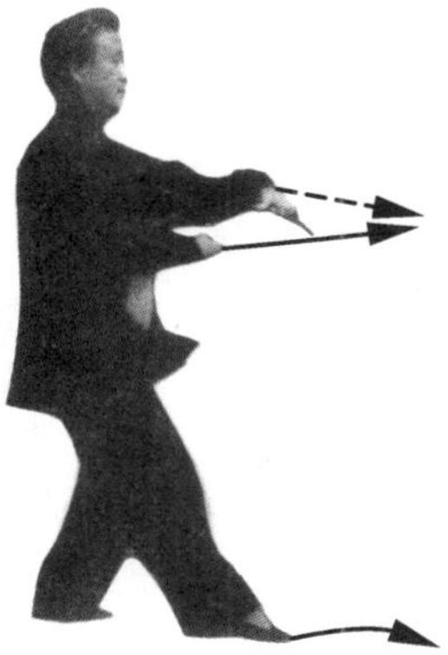

圖2－7

圖2－8

跟着地，隨着重心漸漸移向左腿而至全脚踏實，左腿屈膝，右腿自然伸直成左弓步；同時，兩手一起側分擺舉，隨經上向前劃弧至體前相合，高與胸齊，手心朝外，兩臂呈弧形；右手虎口對劍柄準備接劍；雙目平視前方（圖 2－10）。

（5）上動不停，左脚尖裹扣踏實，身體漸漸右轉重心全部移於左腿，右脚提起先以脚掌着地，然後逐漸全脚踏實落於左脚內側，脚尖朝前，兩脚間距離略窄於肩，重心再移於右腿，右腿屈膝半蹲，左脚跟離地；同時，右手接握劍柄，隨以腕關節爲軸使劍尖由身體左側向上、向下、經體前向右劃弧撩劍至腕與腰高時臂外旋沉腕崩劍，劍尖高於手腕，手心朝前；左手變劍指向下、向右劃弧至右肘關節內側，手心斜朝下；目向右平視（圖 2－11）。

（6）上動不停，右腿自然直立，左脚屈膝提起（膝不低於腰），脚面綳平，脚尖下垂微內扣，成右獨立步；同時，右手持劍漸漸上舉，架於頭上方，臂微屈，使劍尖向左刺出（拇指朝下，作反手立劍），劍尖略低，力注劍尖；左手劍指則經下頦處向左側指出，臂自然伸直，腕同肩高，手心朝前，指尖朝上；目視劍指方向（圖 2－12）。

要領：

兩手側分擺舉向前劃弧與成弓步，眼睛慢慢由右側向前平視要協調一致，兩臂不能僵硬，不可聳肩、抬肘。

**3. 提膝劈劍**

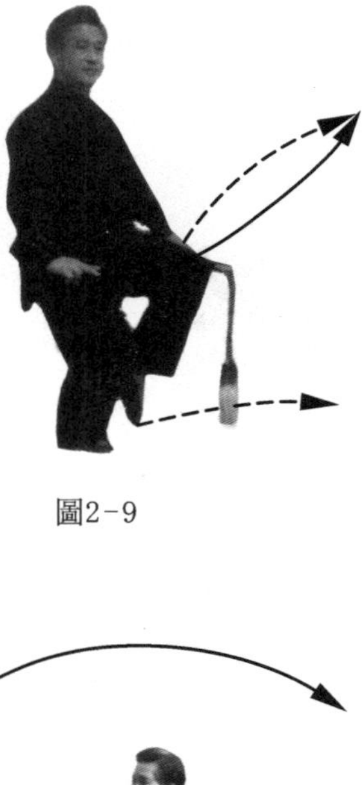

圖2－9

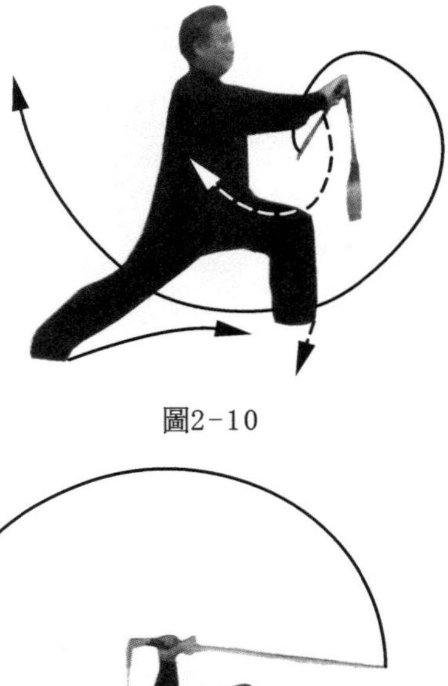

圖2－10

圖2－11

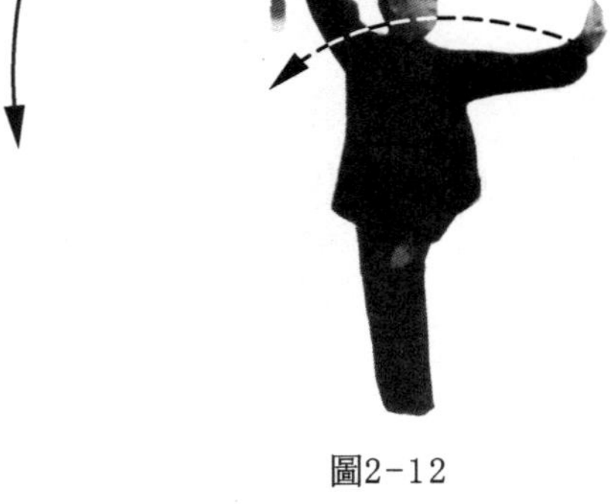

圖2－12

右腿仍獨立站立，左腿仍提膝，身體略右轉；同時，右手持劍使劍刃經上向右前下方劈劍，右臂與劍成一直綫，劍尖與胯同高；左手劍指屈肘右擺，附於右前劈內側，手心朝下；目視劍尖方向（圖 2－13）。

要領：

右手劈劍和左手劍指動作要協調一致，上體略向前傾；右腿站立要穩。劈劍方向爲西南。

**4. 仆步橫掃**

（1）右腿屈膝全蹲，左脚向左後方落步，先以前脚掌着地，然後逐漸全脚着地，腿自然伸直成左仆步；眼視劍尖（圖 2－14）。

（2）上動不停，隨身體重心左移，身體左轉，左脚尖外撇踏實，左褪屈膝，右腿自然伸直成左弓步；同時，左手劍指經體前向左上方劃弧架於左額前上方，手心斜朝上；右手持劍臂外旋使手心朝上，劍刃領先向左平掃，劍高與胸平；目視劍尖（圖 2－15）。

要領：

以上兩個分解動作要連貫進行，由仆步轉換成弓步時，上體不要前傾和突臀。仆步橫掃時力點在劍刃中部。

**5. 右左抹劍**

（1）身體重心前移，右脚提起經左脚内側向右前方上步，先以脚跟着地，隨着重心漸漸移向右腿而至全部踏實，右腿屈膝，左腿自然伸直成右弓步；同時，右手持劍先屈肘臂内旋，使手心轉朝下，然後前伸再向右弧形抽回，高

圖2－13

圖2－14

圖2－15

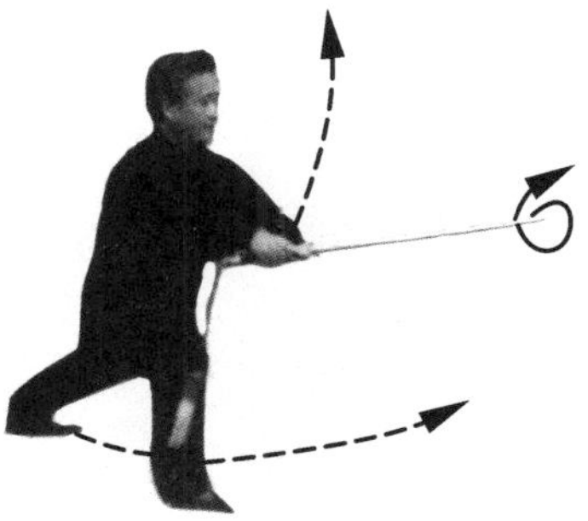

圖2－16

度在胸腹之間，力達劍身，劍尖朝前；左手劍指下落附於右手腕部；目視劍尖(圖 2－16)。

(2) 隨重心前移，左脚提起經右脚内側向左前方上步，先以脚跟着地，隨着重心漸漸移向左腿而至全脚踏實，左腿屈膝，右腿自然伸直成左弓步；同時，右手持劍隨劍尖前伸，臂外旋使手心朝上後屈肘向左弧形抽回，劍尖朝前，高度在胸腹之間，力達劍身；左手劍指經下向左上方劃弧架於左額前上方，手心斜朝上；目視劍尖(圖 2－17)。

要領：

弓步和抹劍要協調一致，上體不可前俯或突臀。

**6. 左虛步撩**

(1) 重心前移，身體微左轉，右脚提起經左脚内側向右前方上步，脚跟着地；同時，右手持劍屈肘向上、向左後方劃弧至左胯旁，手心朝後，劍尖斜朝後上方；左手劍指下落附於右手腕部；目視劍尖方向(圖 2－18)。

(2) 上動不停，身體右轉，右脚尖外撇，隨重心前移落地踏實，右腿屈膝半蹲，左脚提起經右脚内側向前方上步，脚尖點地，膝微屈，成左虛步；同時，右手持劍隨轉體沉腕内旋，使劍刃領先向後、向下、向前下方立圓劃弧撩劍，屈肘架至右額前上方，手心朝外，劍尖低於手；左手劍指仍附於右手腕部；目視前下方(圖 2－19)。

要領：

圖2-17

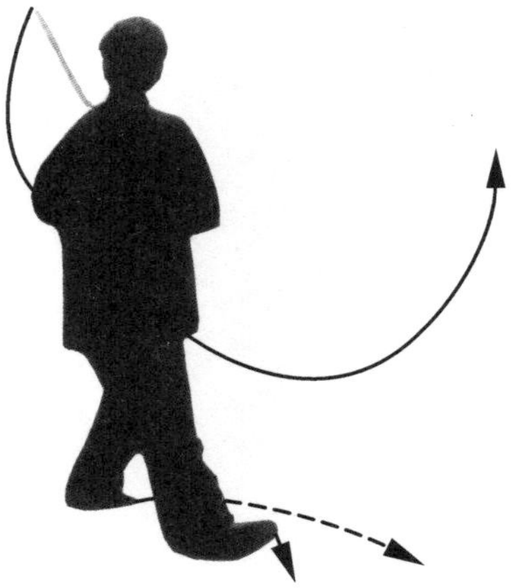

圖2-18

圖2-19

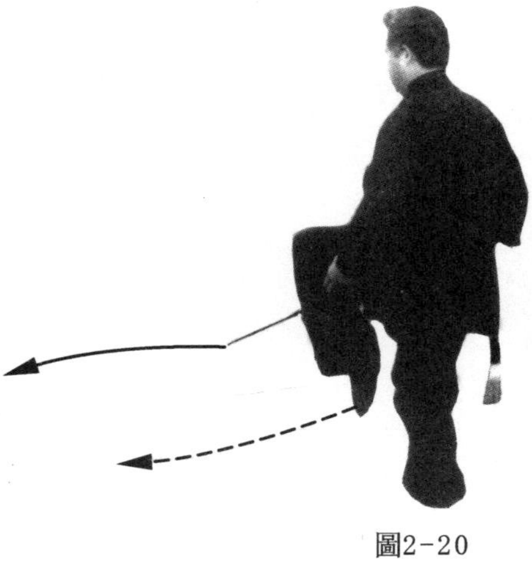

圖2-20

劍向左右劃弧要與身體的轉換協調一致，撩劍必須立圓，撩劍與左虛步要協調一致，整個動作要連貫圓活。虛步方向爲東南。

**7. 轉身下刺**

（1）重心全部移至右腿，繼而右脚以脚跟爲軸碾轉，帶動身體左轉 180°，隨轉體左脚提回，脚尖自然下垂；同時右手持劍臂邊外旋邊屈肘下落於右胯旁，手心斜朝上，劍尖斜朝下；左手劍指邊臂外旋邊屈肘下落於左胯旁，手心斜朝上；目視前下方（圖 2－20）。

（2）上動不停，左脚向前落步，先以脚跟着地，隨着重心漸漸移向左腿而至全脚踏實，左腿屈膝，右腿自然伸直成左弓步；同時，右手持劍經右腰側向前下方平劍刺出，腕同腰高，臂微屈，手心朝上；左手劍指向前伸出托於右手背下，手心朝上；目視劍尖（圖 2－21）。

**8. 提膝捧劍**

重心前移，左腿自然直立，右脚屈膝向前提起，脚面繃平，脚尖下垂微内扣成左獨立步；同時，兩手屈肘捧劍於胸腹前，劍尖略高於腕；目視劍尖（圖 2－22）。

**9. 跳步下刺**

（1）右脚向前落步，先以脚跟着地，隨着重心漸漸移向右腿而至全部踏實，左脚跟離地；同時，兩手捧劍向前下方伸送點擊，使劍尖斜朝下；目視劍尖（圖 2－23）。

（2）上動不停，右脚前掌用力蹬地，左脚隨即向前跳步踏實，左腿微屈，右脚在左脚

圖2-21

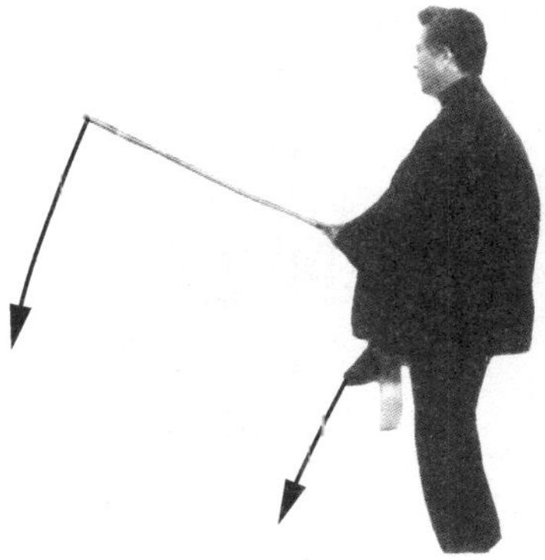
圖2-22

圖2-23

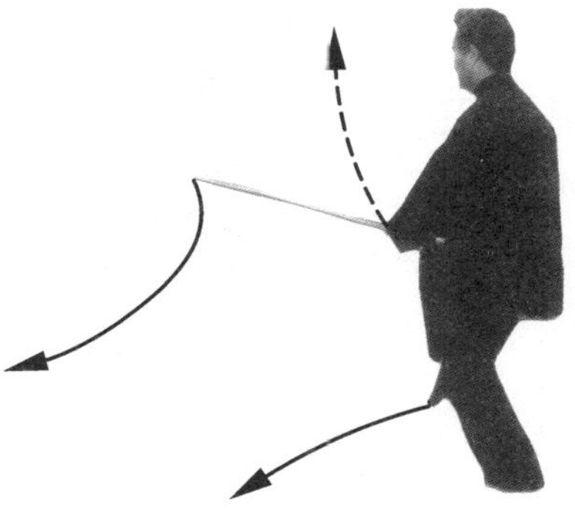
圖2-24

將落未落地時迅速向前提起；同時，兩手捧劍屈肘收於腹前，沉腕向上崩劍，使劍尖略高於腕，兩手心皆朝上；目視劍尖（圖 2－24）。

（3）上動不停，右脚向前落步，先以脚跟着地，隨着重心漸漸移向右腿而至全脚踏實，右腿屈膝，左腿自然伸直成右弓步；同時，右手持劍向前下方平劍刺出，腕同腰高，臂微屈，手心朝上；左手劍指經下向左上劃弧屈肘架至左額前，手心斜朝上；目視劍尖（圖 2－25）。

要領：

左脚跳步落地後右脚有刹那間暫停，右脚前邁時左腿要坐實，不可站起，落步時不可太快，速度要均匀，并防止身體摇晃。弓步與刺劍必須協調一致。

**10．弓步崩劍**

左手劍指下落附於右手腕部，手心朝下；同時，右手持劍沉腕使劍尖向前上方崩劍，力達劍尖，劍尖高於腕，手心朝上；目視劍尖（圖 2－26）。

**11．轉身下刺**

（1）右脚尖微裏扣；同時，右手持劍臂內旋，使劍尖向上、向左劃弧，劍尖略高於腕，手心朝下；左手劍指仍附於右手腕部；目向左平視（圖 2－27）。

（2）上動不停，重心移於右腿，膝微屈，左脚提起經右脚內側擺脚向左上步，膝微屈，身體左轉；同時，右手持劍稍扣腕右移，手心朝下；左手劍指邊臂外旋邊向左擺舉，腕

圖2－25

圖2－26

圖2－27

圖2－28

同肩高，手心斜朝上；目視劍指（圖 2－28）。

（3）上動不停，隨身體重心前移，右脚經左脚内側扣脚尖向左上步，身體左轉；兩手動作不變；目仍視劍指（圖 2－29）。

（4）上動不停，重心全部移於右腿，身體左轉，隨轉體左脚提回，脚尖自然下垂；同時，右手持劍邊臂外旋邊屈肘下落於右胯旁，手心斜朝上，劍尖斜朝下；左手劍指下落於左胯旁，手心斜朝上；目視前下方（圖 2－30）。

（5）上動不停，左脚向前落步，先以脚跟着地，隨着重心漸漸移向左腿而至全脚踏實，左腿屈膝，右腿自然伸直成左弓步；同時，右手持劍經右腰側向前下方平劍刺出，腕同腰高，臂微屈，手心朝上；左手劍指向前伸出托於右手背下，手心朝上；目視劍尖（圖 2－31）。

要領：

左脚擺、右脚扣時，上體不可前俯也不能挺胸，行走要平穩。向左轉身、左脚提起和兩手收於膀旁需協調一致。弓步方向仍爲西北。

**12. 弓步斜削**

（1）左脚尖微裹扣，重心全部移於左腿，左腿微屈膝，右脚屈膝收提於左脚内側（脚不觸地）；同時，右手持劍沉腕外旋使劍尖劃一小弧成絞劍，手心斜朝上；左手劍指屈肘翻腕附於右前臂内側，手心斜朝下；目視劍尖（圖 2－32）。

（2）上動不停，身體右轉，右脚向右後方邁出一步，隨即重心右移，右腿屈膝，左脚

圖2-29

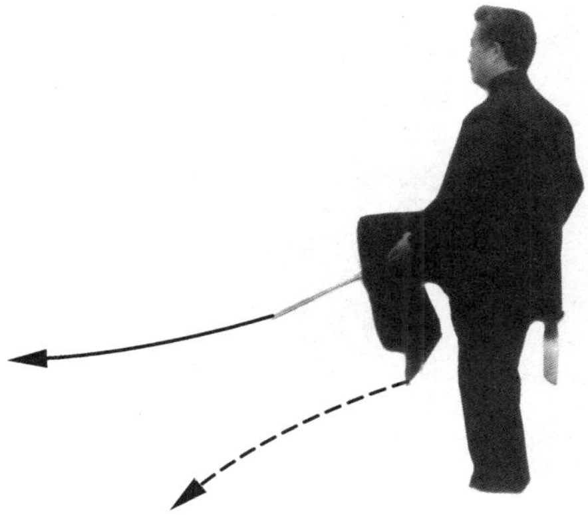

圖2-30

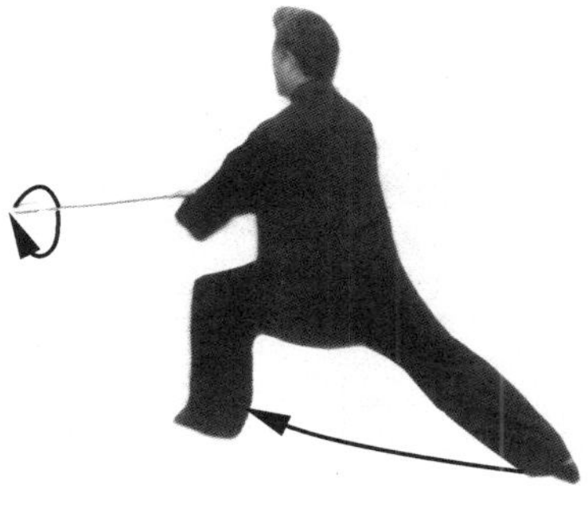

圖2-31

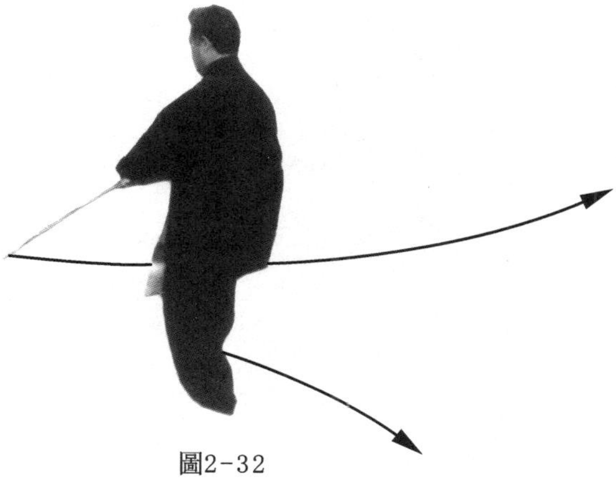

圖2-32

跟外轉，腿自然伸直成右弓步；同時，右手持劍隨體向右上方斜削，臂微屈，手心斜朝上，腕同肩高；左手劍指向下置於左胯旁，手心朝下，指尖朝前；目視劍尖（圖 2－33）。

要領：

由於右脚向右後方邁步時，身體平衡較難掌握，要坐實左腿，松腰胯，速度要均匀，避免産生停頓的現象和上體前俯。削劍要與轉腰、弓步協調一致，以腰帶臂，劍隨身走，力達劍刃前端，鬆肩沉肘，上體保持中正。弓步方向爲正東偏南。

**13. 左虛步撩**

（1）重心後移，左腿屈膝，右脚尖翹起，身體稍左轉；同時，右手持劍臂外旋屈肘向上、向左後方劃弧至左胯旁，手心朝後，劍尖斜朝後上方；左手劍指附於右手腕部；目視劍尖方向（圖 2－34）。

（2）上動不停，身體右轉，右脚尖外撇，隨重心前移落地踏實，右腿屈膝半蹲，左脚提起經右脚内側向前方上步，脚尖點地，微屈膝成左虛步；同時，右手持劍隨轉體沉腕内旋，使劍刃領先向後、向下、向前下方立圓劃弧撩劍，屈肘架至右額前上方，手心朝外，劍尖低於手；左手劍指仍附於右手腕部；目視前下方（圖 2－35）。

要領：

向後移重心時，不要挺直右膝，不能突臀，上體仍保持中正。劍向左後劃弧要與身

圖2-33

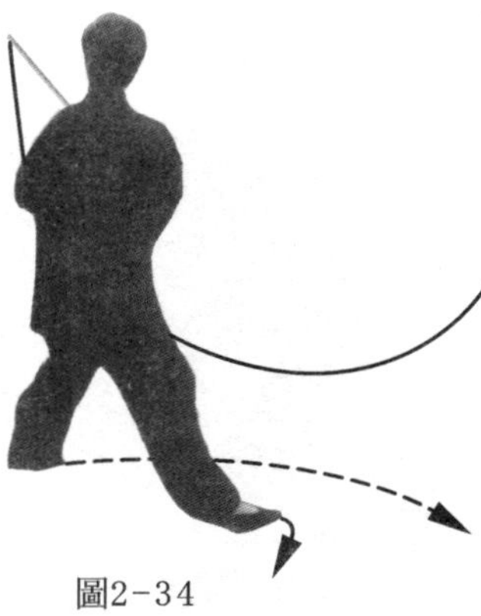

圖2-34

圖2-35

圖2-36

體的轉換協調一致，撩劍必須立圓，整個動作要連貫圓活。虛步方向爲東南。

**14. 虛步反點**

（1）左脚向左後方退後一步，先以脚掌着地，然後逐漸全脚踏實，左腿微屈膝，右脚以脚掌爲軸，脚跟稍外展，身體左轉；同時，左手劍指臂外旋，經體前向下劃弧於左胯旁，臂微屈手心斜朝下；右手持劍平舉體側，稍扣腕使劍尖斜朝左下；目視劍指方向（圖2－36）。

（2）上動不停，重心左移，左腿屈膝半蹲，身體右轉，右脚提起向裏半步落下，脚尖點地成右虛步；同時，右手持劍以劍尖領先，向後、向上、向前下方劃弧反點劍，劍尖低於手腕，右臂屈肘於右胸前，手心朝裏；左手劍指向左、向上劃弧、屈肘附於右手腕内側，手心朝外；目視劍尖（圖2－37）。

要領：

以上兩個分解動作要連貫，中間不要停頓。點劍時，腕部用力，使力點達於劍尖。點劍與右脚落地要協調一致。虛步方向爲正東。

**15. 右左平刺**

（1）身體微右轉，右脚提起向右前方上步，先以脚跟着地，隨着重心漸漸移向右腿而至全脚踏實，右腿屈膝，左腿自然伸直成右弓步；同時，右手持劍先臂内旋使手心朝下，然後用劍尖向前平刺，臂微屈；左手劍指附於右手腕上；目視劍尖（圖2－38）。

（2）隨重心前移，左脚提起經右脚内側

圖2-37

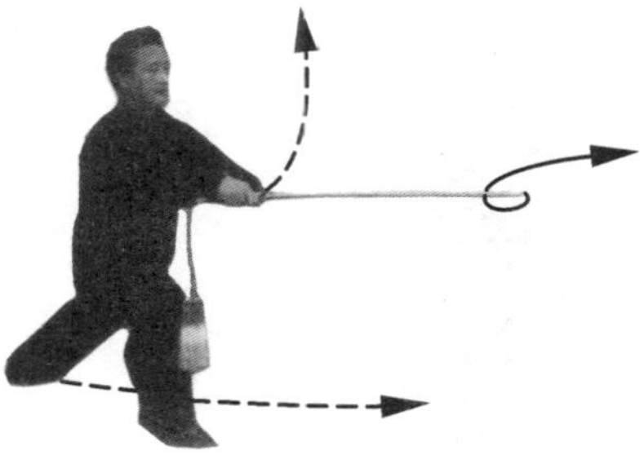

圖2-38

圖2-39

圖2-40

向左前方上步，先以脚跟着地，隨着重心漸漸移向左腿而至全脚踏實，左腿屈膝，右腿自然伸直成左弓步；同時，右手持劍邊向回帶邊臂外旋，然後用劍尖向前平刺，臂微屈，手心朝上；左手劍指經下向左上方劃弧架於左額前上方，手心斜朝上；目視劍尖(圖 2－39)。

(3) 隨重心前移，右脚提起向右前方上步，先以脚跟着地，隨着重心漸漸移向右腿而至全脚踏實，右腿屈膝，左腿自然伸直成右弓步；同時，右手持劍邊向回帶邊臂內旋，然後用劍尖向前平刺，臂微屈，手心朝下；左手劍指下落附於右手腕部；目視劍尖(圖 2－40)。

**16. 虛步抱劍**

(1) 重心全部移於右腿，左脚收提至右脚內側(脚不觸地)；同時，右手持劍向右帶至右胯旁，劍尖朝前；左手劍指仍附於右手腕部；目向右平視(圖 2－41)。

(2) 上動不停，身體左轉，左脚向左後方退後一步，先以脚掌着地，隨着重心漸漸移向左腿而至全脚踏實，左腿屈膝半蹲，右脚提回，向裏半步落下，右腿微屈，脚尖點地成右虛步；同時，右手持劍隨轉體臂外旋前伸向左抽回屈肘於左腰前，劍身斜立劍，劍尖斜朝上；左手劍指附於右手腕內側；目視劍尖(圖 2－42)。

**17. 提膝上刺**

(1) 身體微向右轉，右脚向前上半步；先以脚跟着地，然後逐漸全脚踏實，兩手仍合抱，劍身轉成平劍，劍尖略高於腕；目視劍尖

圖2-41

圖2-42

圖2-43

圖2-44

方向（圖 2－43）。

（2）上動不停，重心全部移於右腿，右腿自然伸直，左腳屈膝提起，腳面綳平，腳尖下垂微內扣成右獨立步；同時，右手持劍向前上方刺出，手心朝上，腕同肩高，劍尖略高於頭；左手劍指仍附於右手腕部；眼視劍尖（圖 2－44）。

**18. 虛步下截**

（1）右腿屈膝半蹲；左腳向左後方落步，腳跟着地，身體左轉；同時，右手持劍隨轉體屈肘臂外旋向左上方帶劍，手心朝裏，劍尖朝右；左手劍指經下向左劃弧至左胯旁，手心朝下，指尖朝前；目向右平視（圖 2－45）。

（2）上動不停，重心左移，左腳微內扣踏實，左腿屈膝半蹲，身體右轉，右腳提起向前上半步，腳尖點地成右虛步；同時，右手持劍隨轉體略向左帶，然後邊內旋，邊向前下方截劍至右腿上方，劍尖斜朝下，手心朝下；左手劍指向左上劃弧屈肘架於左額前上方，手心斜朝上；目視劍尖（圖 2－46）。

**19. 左弓步刺**

（1）左腿仍屈膝，右腳提起；腳尖自然下垂；同時，右手持劍臂外旋立刃前舉至胸高，臂微屈；左手劍指下落附於右手腕部；目視劍尖（圖 2－47）。

（2）上動不停，右腳向右前方落步，先以腳跟着地，隨着重心漸漸移向右腿而至全腳踏實，右腿屈膝，左腿自然伸直成右弓步，身體略右轉；同時，右手持劍臂內旋微向前伸，手

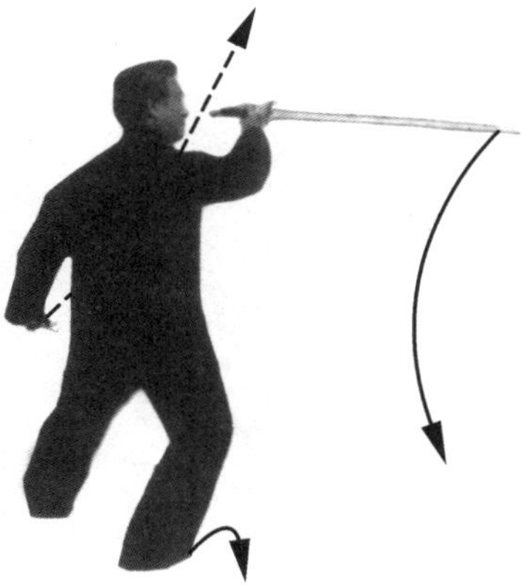

圖2-45

圖2-46

圖2-47

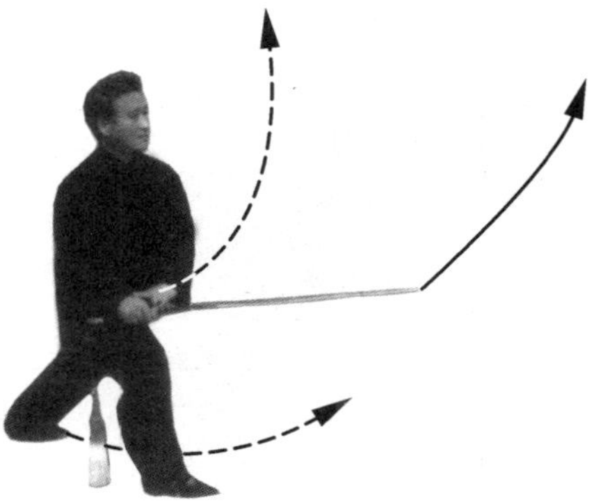

圖2-48

心轉朝下，然後向右帶至右胯前，劍尖朝前；目視劍尖方向（圖 2－48）。

（3）上動不停，隨重心前移，左脚經右脚內側向左前方上步，先以脚跟着地，隨着重心漸漸移向右腿而至全脚踏實，左腿屈膝，右腿自然伸直成左弓步；同時，右手持劍屈肘臂外旋至手心朝上，經右腰側向左前方平劍刺出，劍尖高於腕，腕同肩高；左手劍指經下向左上劃弧屈肘架於左額前上方，手心斜朝上；目視劍尖（圖 2－49）。

要領：

右手持劍前舉時，手臂不可伸直，弓步與刺劍要協調一致。弓步刺劍方向爲正東偏北。

**20. 轉身平抹**

（1）左脚尖裏扣，重心全部移至左腿，身體右轉，右脚提回，脚尖自然下垂；同時，右手持劍隨轉體邊屈肘邊臂內旋置於腹前，手心朝下；左手劍指下落附於右手腕部，手心朝下目平視左側（圖 2－50）。

（2）上動不停，身體微右轉，右脚向右，前方落步，先以脚跟着地，隨着重心漸漸移向右腿而至全脚踏實，右腿屈膝，左膝自然伸直成右弓步；同時，右手持劍隨轉體經前向右弧形抽回平抹，高度在胸腹之間，手心朝下；左手劍指仍附於右手腕部；目視劍尖（圖 2－51）。

要領：

轉身動作力求平穩、協調，抹劍動作力達劍身。

圖2-49

圖2-50

圖2-51

圖2-52

**21. 左右帶劍**

（1）重心漸漸全部移於右腿，左脚向前提起，脚尖自然下垂，身體漸漸右轉；同時，右手持劍隨上體右轉向右帶至右胯旁，劍尖朝前，手心朝下；左手劍指仍附於右手腕部；目平視右前方（圖 2－52）。

（2）上動不停，重心仍在右腿，左腿向左後方退後一步，先以脚掌着地，然後逐漸全脚踏實；兩手動作不變；目視劍尖方向（圖 2－53）。

（3）上動不停，身體左轉重心後移，左腿屈膝半蹲，右脚提起，向裏上半步以脚尖點地成右虛步；同時，右手持劍隨轉體臂外旋前伸，使手心轉朝上，屈肘向左平帶至左腰前，劍尖朝前略高於腕；左手劍指臂内旋經體前向左劃弧屈肘平舉於左胸前，手心斜朝外；目視劍尖（圖 2－54）。

（4）上動不停，右脚提起經左脚内側向右後方退後一步，先以脚掌着地，隨着重心漸漸移向右腿而至全脚踏實，右腿屈膝半蹲，左腿微屈膝，脚尖點地成左虛步，身體右轉；同時，右手持劍臂内旋前伸，使手心轉朝下，屈肘向右平帶至右腰前，劍尖朝前；左手劍指下落附於右手腕部，手心朝下；目視劍尖（圖 2－55）。

（5）上動不停，左脚提起經右脚内側向左後方退後一步，先以脚掌着地，隨着重心漸漸移向左腿而至全脚踏實，左腿屈膝半蹲，右腿微屈膝，脚尖點地成右虛步，身體左轉；同時，右手持劍臂外旋前伸，使手心轉朝

圖2－53

圖2－54

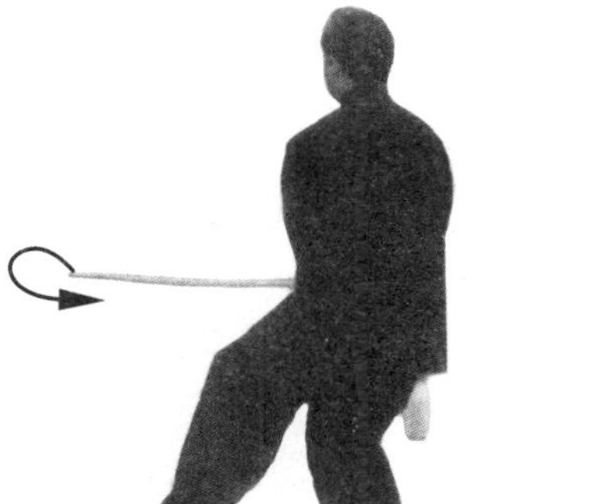

圖2－55

圖2－56

上，屈肘向左平帶至左腰前，劍尖朝前略高於腕；左手劍指經體前向左劃弧屈肘平舉於左胸前，手心斜朝外；目視劍尖（圖 2－56）。

（6）上動不停，右腳提起經左腳內側向右後方退後一步，先以腳掌着地，隨着重心漸漸移向右腿而至全腳踏實，右腿屈膝半蹲，左腿微屈膝，腳尖點地成左虛步，身體右轉；同時，右手持劍臂內旋前伸，使手心轉朝下，屈肘向右平帶至右腰前，劍尖朝前；左手劍指下落附於右手腕部，手心朝下；目視劍尖（圖 2－57）。

要領：

帶劍與虛步要協調一致，帶劍力達劍身。身體重心左、右轉換要平穩，以身帶臂使動作連貫圓活。

**22. 提膝捧劍**

（1）左腳向前上半步，腳跟着地，腳尖翹起；同時，右手持劍移於右胯旁；左手劍指向左劃弧至左胯旁，手心朝下指尖朝前，視前方（圖 2－58）。

（2）上動不停，隨重心前移，左腳踏實，左腿自然直立，右腳屈膝提起，腳面繃平，腳尖下垂微內扣成左獨立步；同時，兩手臂外旋，使手心翻轉朝上隨提膝由兩側向胸前相合，左手劍指捧托在右手背下，與胸同高，劍尖朝前，略高於腕；目平視前方（圖 2－59）。

要領：

以上兩個分解動作要連貫，中間不可停頓。捧劍與提膝要協調一致。提膝膝不得低於腰部。

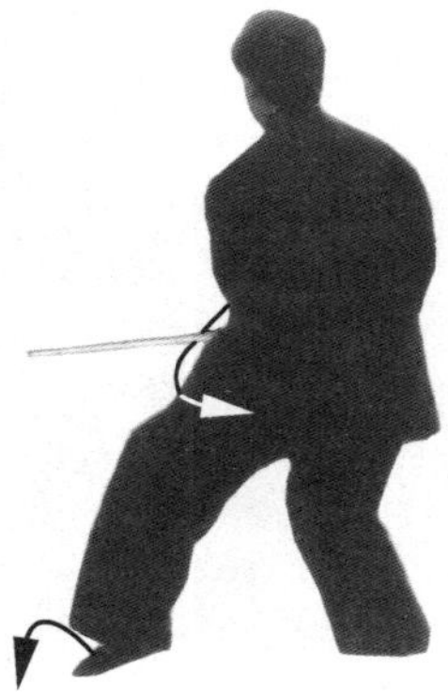
圖2-57

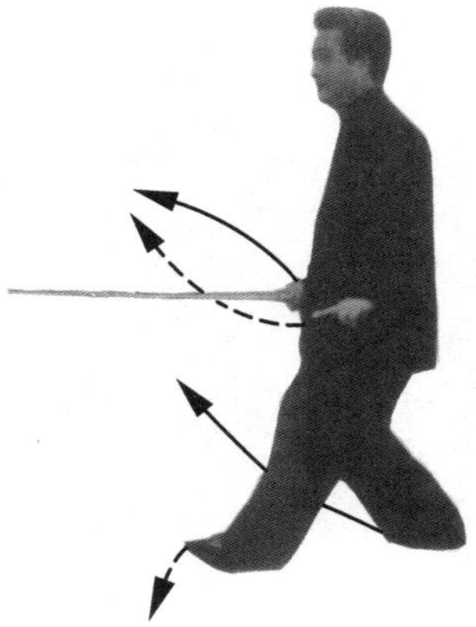
圖2-58

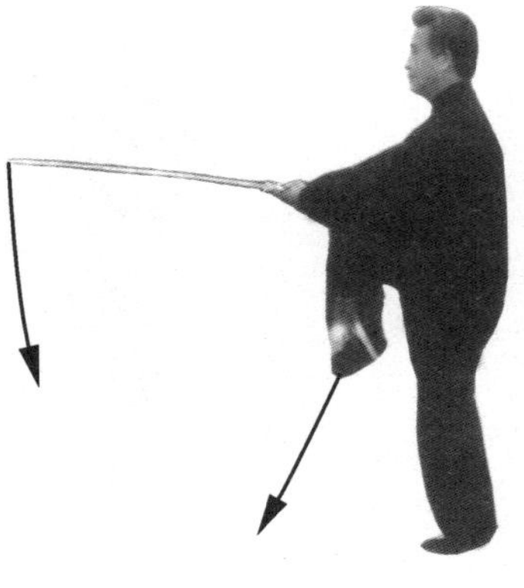
圖2-59

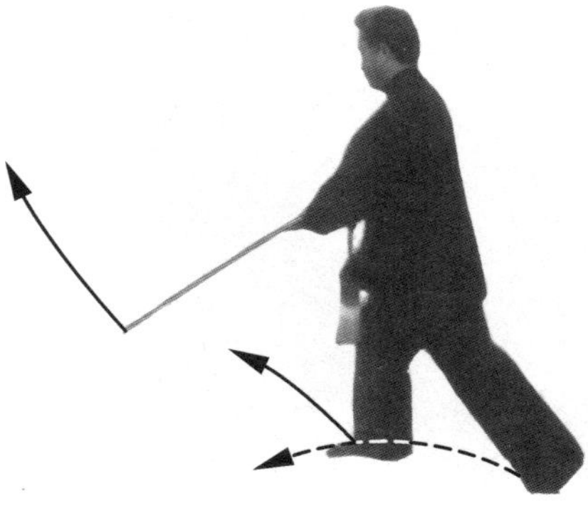
圖2-60

**23. 跳步平刺**

（1）右脚向前落步，身體重心前移，左脚跟離地；同時，兩手捧劍向前下方伸送點擊，使劍尖斜朝下；目視劍尖方向（圖 2－60）。

（2）上動不停，右脚前掌用力蹬地，左脚隨即向前跳步踏實，左腿微屈，右脚在左脚將落未落地時迅速向前提起；同時，兩手捧劍屈肘收於胸腹前，沉腕向上崩劍使劍尖略高於腕，兩手心皆朝上；目視劍指方向（圖 2－61）。

（3）上動不停，右脚向前落步，先以脚跟着地；隨着重心漸漸移向右腿而至全脚踏實，右腿屈膝，左腿自然伸直成右弓步；同時，右手持劍邊臂內旋邊向前立劍剌出，腕同胸高，劍刃朝上，手心朝左，力注劍尖；左手劍指向左後方平舉，指尖朝後，與肩同高，手心朝左；目視劍尖（圖 2－62）。

**24. 轉身抽劍**

（1）身體左轉，重心左移，左脚尖外撇踏實，左腿屈膝，右腿自然伸直成左橫弓步；同時，右手持劍屈肘臂外旋，使劍立刃平行抽回至胸前，劍尖朝右後，手心朝裏；左手劍指屈肘附於右手腕部；目視劍指方向（圖 2－63）。

（2）上動不停，右脚尖裏扣，身體再向左轉，右手持劍隨轉體以劍刀領先向上、向前劈出，與肩同高，手心朝左，劍尖略高於腕；左手劍指捧托於右手下；目視劍尖（圖 2－64）。

（3）上動不停，身體重心後移至右腿，右腿屈膝半蹲，左脚提起向裏半步落下，脚尖點地成左虛步；同時，兩手屈肘臂外旋收回於腹前，手心皆朝上；劍尖略高於腕；目視劍尖（圖 2－65）。

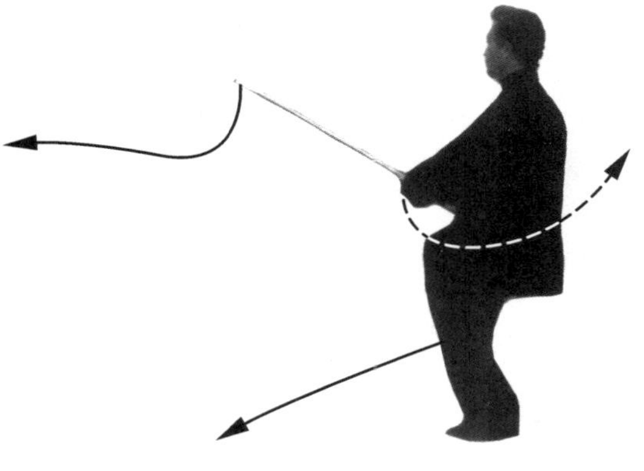

圖2－61

圖2－62

圖2－63

圖2－64

要領：

向左轉體，左脚外撇時，右脚尖稍向裏移動。右手抽劍時劍身要平行，兩手收回腹前與虛步要同時完成。

**25．并步平刺**

左脚略向左移，脚跟先着地，隨重心前移逐漸全脚踏實，右脚靠攏左脚内側，并步兩腿自然直立；同時，兩手捧劍向前平劍刺出，力注劍尖，手心皆朝上，高與胸平，劍尖略高於腕；目平視前方（圖 2－66）。

要領：

身體直立要自然，不要故意挺胸。刺劍時兩臂要微屈，并步和刺劍要一致。

**26．左右劈劍**

（1）右腿屈膝半蹲，左脚提起，身體略右轉；同時，右手持劍沉腕，屈肘臂内旋收至右胸前，劍身竪立；左手劍指仍附於右手背；目平視前方（圖 2－67）。

（2）上動不停，左脚向左前方落步，先以脚跟着地，隨着重心漸漸移向左腿而至全脚踏實，左腿屈膝，右腿自然伸直成左弓步，身體略左轉；同時，右手持劍以劍刃領先向左前方劈劍，手心朝左，劍尖高於頭；左手劍指附於右手腕部，目平視左前方（圖 2－68）。

（3）上動不停，隨重心前移，右脚提起，身體略左轉；同時，右手持劍坐腕，屈肘收至左肋前，劍身竪立；左手劍指仍附於右手腕部；目平視左前方（圖 2－69）。

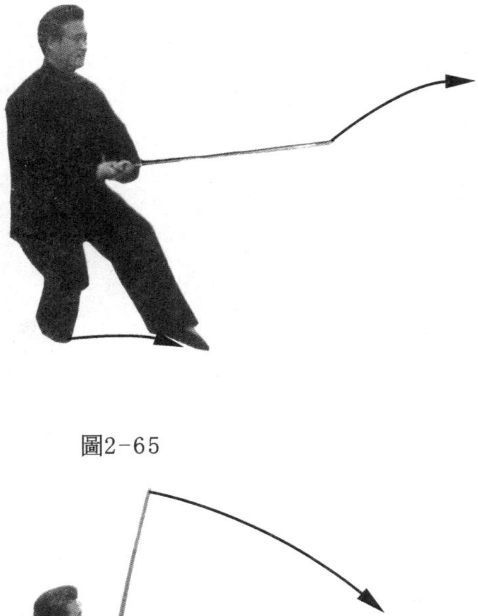

圖2-65

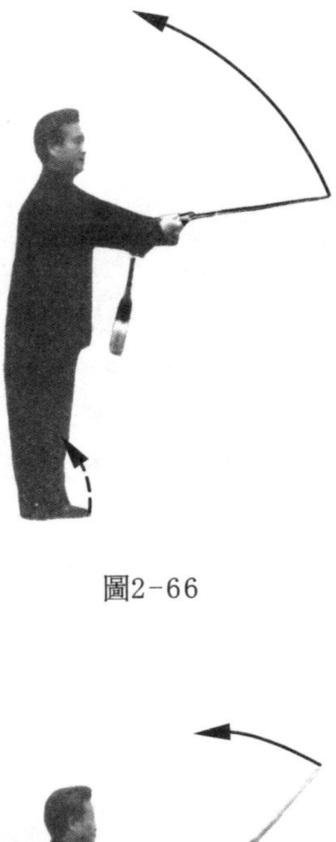

圖2-66

圖2-67

圖2-68

(4) 上動不停，右脚向右前方落步，先以脚跟着地，隨着重心漸漸移向右腿而至全脚踏實，右腿屈膝，左腿自然伸直成右弓步，身體略右轉；同時，右手持劍以劍刃領先向右前方劈劍，手心朝左，劍尖高於頭；左手劍指仍附於右手腕部；目平視右前方(圖 2－70)。

(5) 上動不停，隨重心前移，左脚提起，身體略右轉；同時，右手持劍坐腕，屈肘收至右肋前，劍身豎立；左手劍指仍附於右手腕部；目向右平視(圖 2－71)。

(6) 上動不停，左脚向左前方落步，先以脚跟着地，隨着重心漸漸移向左腿而至全脚踏實，左腿屈膝，右腿自然伸直成左弓步，身體略左轉；同時；右手持劍以劍刃領先向左前方劈劍，手心朝左，劍尖高於頭；左手劍指仍附於右手腕部；目平視左前方(圖 2－72)。

**27. 弓步反刺**

(1) 左脚尖裏扣，右脚跟内轉，身體隨之右轉；同時，右手持劍以腕爲軸邊屈肘臂内旋，邊使劍尖逆時針方向劃一圓弧至左上方，腕同腰高，手心朝裏；左手劍指仍附於右手腕部；目向左平視(圖 2－73)。

(2) 上動不停，身體右轉，右脚向右側上半步，右腿屈膝，左腿微屈膝；同時，右手持劍經下向右劃弧反撩，手心朝後，劍尖朝右，略低於腕；左手劍指經下向左劃弧擺舉至與肩平，手心朝下；目視劍尖(圖 2－74)。

(3) 上動不停，身體左轉，重心全部移

圖2-69

圖2-70

圖2-71

圖2-72

於右腿，右腿屈膝半蹲，左脚提回，脚尖自然下垂；同時，右手持劍臂外旋變虎口朝上後，沉腕崩劍，腕同腰高，劍尖朝左斜上方；左手劍指臂外旋微屈肘使手心斜朝上，平舉於左前方；目視劍指方向（圖 2－75）。

（4）上動不停，左脚向左前方落步，先以脚跟着地，隨着重心漸漸移向左腿而至全脚踏實，左腿屈膝，右腿自然伸直成左弓步，身體略左轉并稍前傾；同時，右手持劍向左上方探刺，腕同頭高，手心朝外；左手劍指屈肘向右與右臂在體前相合，附於右手腕部；目視劍尖（圖 2－76）。

要領：

以上四個分解動作必須連貫圓活，中間不可停頓。撩劍時右臂不可伸直。弓步探刺時身體略前傾，但不可突臀或塌腰。弓步反刺方向爲正東偏南。

**28. 右弓步劈**

左脚尖裏扣，右脚提起稍向前半步落下，先以脚跟着地，隨着重心漸漸移向右腿而至全脚踏實，右腿屈膝，左腿自然伸直成右弓步，身體隨之右轉；同時，右手持劍以劍刃領先隨轉體向上、向前劈劍，劍尖略高於腕，手心朝左；左手劍指經體前向下，臂外旋向左後劃弧平舉，與肩同高，劍指朝後，手心朝左；目視劍尖（圖 2－77）。

要領：

劈劍時右臂由屈到伸，但不可伸直，弓步

圖2－73

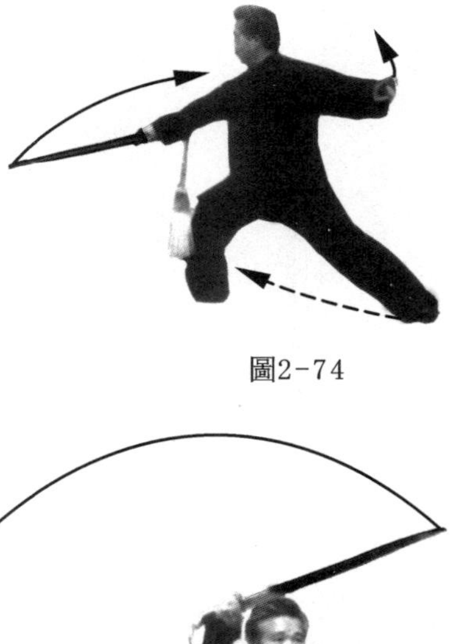

圖2－74

圖2－75

圖2－76

與劈劍要協調一致。弓步劈劍方向爲正西。

**29. 虛步點劍**

（1）身體左轉，重心右移，左脚提起落於身前，脚跟着地，脚尖翹起，左腿微屈膝；同時，右手持劍臂外旋屈肘，使劍尖向身後劃弧，舉於身右側，劍刃朝上，劍尖朝後，手心朝左，高不過頭；左手劍指屈肘向右劃弧至右臂前，手心斜朝下；目平視前方(圖 2－78)。

（2）上動不停，隨身體重心前移，左脚尖稍外撇踏實，左腿屈膝半蹲，右脚向前上步，脚尖點地成右虛步；同時，右手持劍向前劃弧，提腕使劍尖向前下方點擊，力達劍尖；左手劍指經下向左、向上、向前劃弧，附於右手腕部，目視劍尖(圖 2－79)。

要領：

點劍時，腕部用力，使力達於劍尖。點劍與虛步、左手劃弧要協調一致。身體保持正直。虛步和點劍方向與起勢方向相同。

**30. 提膝架劍**

（1）右脚向右側上步，脚跟着地，脚尖翹起，右腿微屈膝；同時，右手持劍以腕爲軸臂外旋屈肘，使劍尖向右、向上、向左劃弧，劍尖朝左上方，手心朝裏；左手劍指仍附於右手腕部；目平視左前方(圖 2－80)。

（2）上動不停，身體右轉，右脚尖外撇踏實，右腿自然直立，左脚屈膝提起，脚面崩平，脚尖下垂微内扣；同時，右手持劍隨轉體臂内旋向下、向前上方劃弧，上舉架於右額前上方，

圖2－77

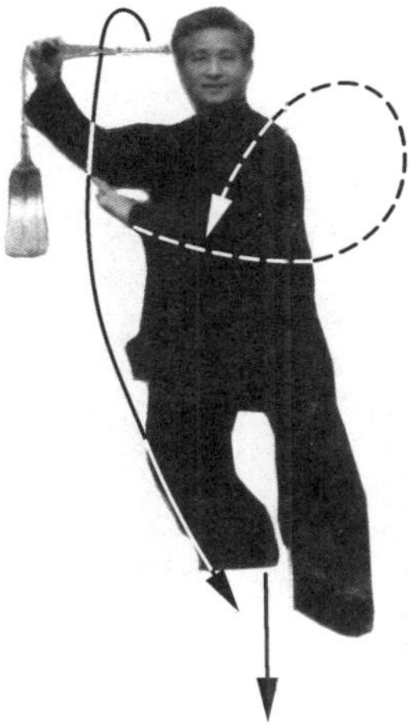

圖2－78

圖2－79

圖2－80

手心朝右;臂微屈,劍尖朝前略低於腕,左手劍指仍附於右手腕部;目視劍指方向(圖 2－81)。

**31. 弓步掛劈**

(1) 左脚向前落步,脚尖外擺,重心前移,左腿屈膝半蹲,右腿自然伸直,脚跟離地成交叉步,身體左轉;同時,右手持劍劍尖領先,向下、向左後方劃弧掛劍,劍尖朝後,手心朝裏;左手劍指仍附於右手腕部;目視劍尖(圖 2－82)。

(2) 上動不停,右脚經左脚內側向前上步,先以脚跟着地,隨着重心漸漸移向右腿而至全脚踏實,右腿屈膝,左腿自然伸直成右弓步,身體略右轉;同時,右手持劍臂內旋以劍刃領先向上、向前劈劍,劍尖略高於腕,手心朝左;左手劍指經下向左後平舉,與肩同高,劍指朝後,手心朝左;目視劍尖(圖 2－83)。

**32. 虛步掄劈**

(1) 隨重心後移,右脚向後與左脚并攏,兩腿自然直立,身體略右轉;同時,右手持劍隨轉體經下向右後方劃弧下截。臂自然伸直,劍尖斜朝下;左手劍指向右劃弧,屈肘附於右肩前,手心斜朝下;目視劍尖(圖 2－84)。

(2) 上動不停,重心移至右腿,右腿屈膝半蹲,左脚向前上步,脚跟着地,脚尖翹起,身體略左轉;同時,右手持劍臂外旋屈肘舉於身右側,劍刃朝上,劍尖朝後;左手劍指經下向左劃弧至左胯旁,劍指朝前,手心朝下;目平視前方(圖 2－85)。

(3) 上動不停,隨身體重心前移,左脚

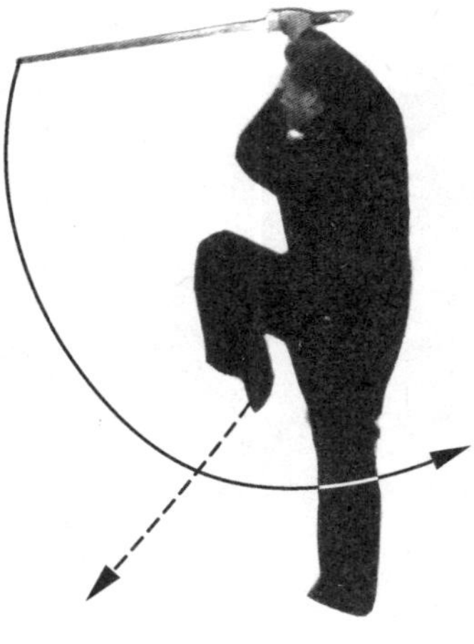

圖2-81

圖2-82

圖2-83

圖2-84

尖稍外撇踏實，左腿屈膝半蹲，右脚向前上步，脚尖點地成右虛步；同時，右手持劍以劍刃領先經上向前劈下，右臂與劍成一直綫，劍尖斜朝下；左手劍指向上、向前劃弧，附於右手腕部；目視劍指方向(圖 2－86)。

**33. 弓步斜削**

(1) 重心全部移於左腿，右脚提回，脚尖自然下垂；同時，右手持劍沉腕臂外旋手心朝上，使劍尖順時針方向劃一圓弧指向左下方；左手劍指附於右臂内側，手心斜朝右；目視劍指方向(圖 2－87)。

(2) 上動不停，身體右轉，右脚向右後方退後一步，隨重心右移，右腿屈膝，左脚跟外轉，左腿自然伸直成右弓步；同時，右手持劍隨轉體向右上方斜削，臂微屈，手心斜朝上，腕同肩高；左手劍指向左下劃弧置於左胯旁，手心朝下；目視劍指方向(圖 2－88)。

**34. 右弓步撩**

(1) 隨重心全部移於右腿，左脚提起，脚尖自然下垂；同時，右手持劍以腕關節爲軸先臂内旋後外旋，使劍尖在體前上方劃一圓弧後至右側，劍尖朝上，手心朝左；左手劍指向右上方劃弧至右臂内側，手心斜朝右；目視右前方(圖 2－89)。

(2) 上動不停，左脚向左側落步，脚跟着地，脚尖翹起，左腿微屈膝；同時，右手持劍略向右擺使劍尖斜朝上；左手劍指向下劃弧至腹前，手心朝下；目視劍指方向(圖 2－90)。

圖2－85

圖2－86

圖2－87

圖2－88

（3）上動不停，身體左轉，隨重心左移，左脚尖外撇踏實，繼而右脚向前上步，先以脚跟着地，隨着重心漸漸移向右腿而至全脚踏實，右腿屈膝，左腿自然伸直成右弓步；同時，右手持劍臂外旋，使劍尖隨轉體由後向下、向前劃弧撩出，立劍，手心斜朝上，劍尖略低於腕；左手劍指由下向左、向上劃弧至左額前上方；手心斜朝上；目平視前方（圖 2－91）。

**35. 提膝下刺**

（1）重心全部後移於左腿，身體略左轉，左腿屈膝半蹲，右脚提回，向裏半步落下，脚尖點地成右虛步；同時，右手持劍屈肘回收於左腹前，手心朝上，劍身平直；左手劍指下落附於右腕內側，手心朝下；目平視前方（圖 2－92）。

（2）上動不停，身體略右轉，右脚踏實，重心全部前移於右腿，右腿自然直立，左脚屈膝提起，脚面繃平，脚尖下垂微內扣；同時，右手持劍向前下方刺出，手心斜朝上；左手劍指向左、向上劃弧至左額前上方，手心斜朝上；目視劍尖（圖 2－93）。

**36. 轉身抽劍**

左脚向左側落步，先以脚跟着地，隨着重心漸漸移向左腿而至全脚踏實，左腿屈膝，右腿自然伸直成左横弓步；同時，右手持劍屈肘臂外旋，使劍立刃抽回至胸前，劍尖朝右後，手心朝裏，左手劍指屈肘下落附於右腕內側，手心朝外；目視劍指方向（圖 2－94）。

要領：

圖2-89

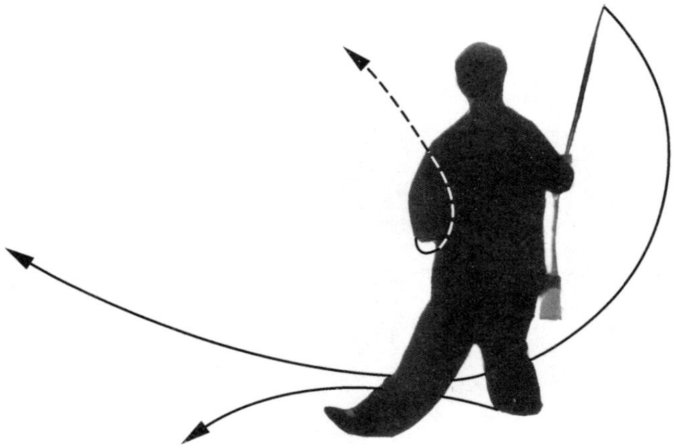

圖2-90

圖2-91

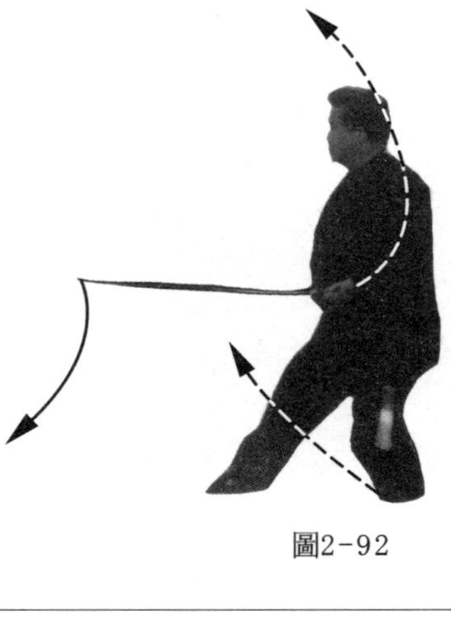

圖2-92

右手抽劍以腰帶臂，眼神始終隨劍尖。

**37. 虛步藏劍**

（1）身體左轉，重心前移，右脚提起向前跟半步，先以脚掌着地，隨重心漸漸移向右腿而至全脚踏實；同時，右手持劍使劍尖經上向前劃弧，提腕使劍尖向前下方點擊，腕同胸高，力達劍尖，劍尖低於腕；左手劍指仍附於右腕内側；目視劍尖方向（圖 2－95）。

（2）重心全部後移至右腿，右腿屈膝半蹲，左脚向前上步，脚尖點地成左虛步；同時，右手持劍向右後抽回藏於右髖側，手心朝裏，劍尖低於腕；左手劍指向前指出，腕同肩高，手心斜朝前，指尖朝上；目視劍指方向（圖 2－96）。

**38. 開立平刺**

左脚跟着地踏實，隨重心前移，右脚向前上步，兩脚平行站立，兩腿自然伸直，與肩同寬；同時，右手持劍臂外旋屈肘經右腰側向前直臂平劍刺出，劍尖朝前，略高於腕，手心朝上，高於胸平，左手劍指臂外旋使手心朝上，捧托於右手背下；目視劍尖（圖 2－97）。

**39. 弓步斜削**

（1）左脚尖裏扣，重心全部移於左腿，左腿屈膝半蹲，右脚提起，脚尖自然下垂，身體略右轉；同時，右手持劍沉腕臂外旋手心朝上，使劍尖順時針方向劃一圓弧指向左下方；左手劍指臂内旋於右臂内側，手心朝下；目視劍指方向（圖 2－98）。

（2）上動不停，身體右轉，右脚向右後

圖2-93

圖2-94

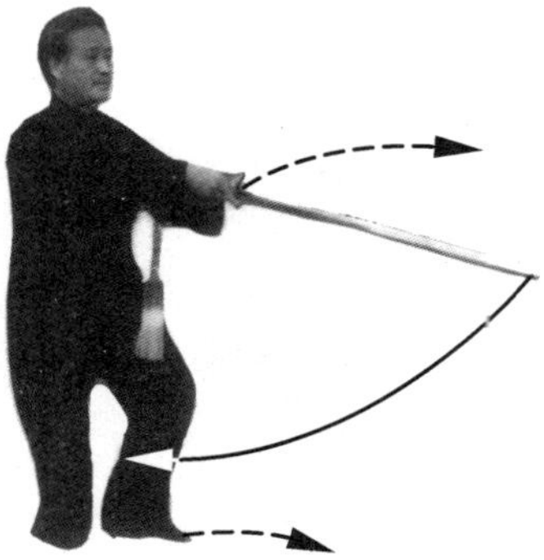
圖2-95

圖2-96

方退後一步，隨重心右移，右腿屈膝，左脚跟外轉，左腿自然伸直成右弓步；同時，右手持劍隨轉體向右上方斜削，臂微屈，手心斜朝上，腕同肩高；左手劍指向左下劃弧置於左胯旁，手心朝下；目視劍指方向（圖 2－99）。

**40. 左右攔劍**

（1）重心全部前移於右腿，右腿屈膝半蹲，左脚提起，脚尖自然下垂，身體略右轉；同時，右手持劍沉腕，屈肘臂内旋收至右胸前，劍身竪立；左手劍指向前、向右劃弧，附於右手腕部；目平視右前方（圖 2－100）。

（2）上動不停，左脚向左前方落步，先以脚跟着地，隨着重心漸漸移向左腿而至全脚踏實，左腿屈膝，右腿自然伸直成左弓步，身體左轉；同時，右手持劍先臂内旋使劍尖向右後方劃弧，然後再臂外旋劍刃領先隨轉體經下向左前方劃弧攔出，勁貫劍身上刃，手心斜朝上，劍尖低於腕；左手劍指經下向左、向上劃弧至左額前上方，手心斜朝上；目視劍指方向（圖 2－101）。

（3）隨重心前移，右脚提起經左脚内側向右前方上步，先以脚跟着地，隨着重心漸漸移向右腿而至全脚踏實，右腿屈膝，左腿自然伸直成右弓步，身體右轉；同時，右手持劍屈肘使劍刃領先向上、向左後、向下、向右前方劃弧攔出，勁貫劍身上刃，手心斜朝下，劍尖低於腕；左手劍指下落附於右手腕部；目視劍指方向（圖 2－102）。

圖2-97

圖2-98

圖2-99

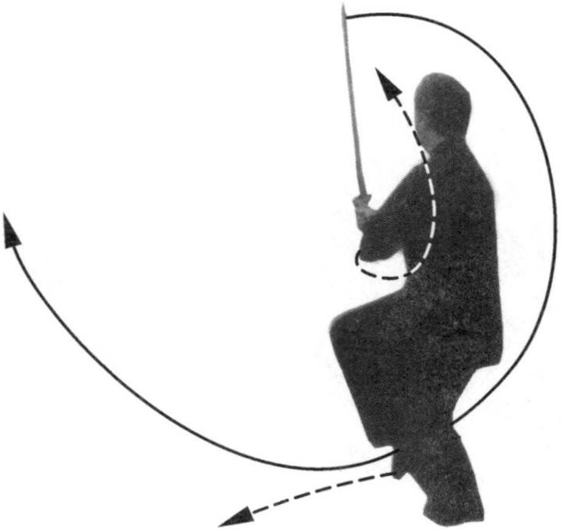

圖2-100

**41. 虛步藏劍**

身體略右轉，隨重心後移，右脚提起經左脚内側向後退一步，先以脚掌着地，隨着重心漸漸移向右腿而至全脚踏實，右腿屈膝半蹲，左脚尖點地成左虛步；同時，右手持劍臂内旋，使劍尖經上向前劃弧，提腕使劍尖向前下方點擊，然後向右後抽回藏於右髖側，手心朝裏，劍尖低於腕；左手劍指向前指出，腕同肩高，手心斜朝前，指尖朝上；目視劍指方向（圖 2－103）。

**42. 點步捧劍**

（1）左脚略向左移，脚跟着地，脚尖翹起，身體略左轉；同時，右手持劍臂内旋擺至身右側，手心朝下，劍尖朝前；左手劍指向左下方劃弧至身左側，手心朝下，指尖朝前；目平視前方（圖 2－104）。

（2）上動不停，隨重心前移，左脚踏實，右脚提起經左脚内側向前上步，脚尖點地，兩腿微屈膝；同時，兩手臂外旋，手心翻轉朝上隨上步由兩側向胸前相合，左手劍指捧托在右手背下，與胸同高，劍尖朝前，略高於腕；目平視前方（圖 2－105）。

要領：

點步略高於虛步，重心也在後腿，捧劍與點步要協調一致。眼先關顧右手，然後即平視前方。點步捧劍方向爲正西。

**43. 左右帶劍**

（1）身體略左轉，兩腿屈膝成右虛步；同

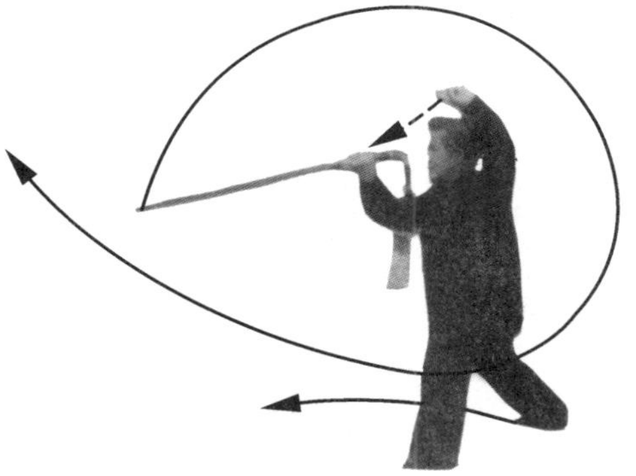

圖2－101

圖2－102

圖2－103

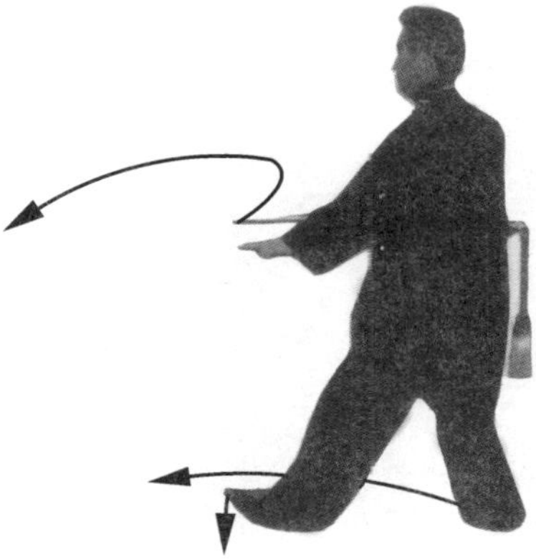

圖2－104

時，右手持劍屈肘向左平帶至左胸前，劍尖朝前，略高於腕；左手劍指臂內旋稍向左移，屈肘平舉與肩同高，手心斜朝外；目視劍尖（圖 2－106）。

（2）上動不停，右脚提起經左脚內側向右後方退一步，先以脚掌着地，隨着重心漸漸移向右腿而至全脚踏實，右腿屈膝半蹲，左脚尖點地成左虛步，身體右轉；同時，右手持劍臂內旋前伸，使手心轉朝下，屈肘向右平帶至右胸前，劍尖朝前略高於腕；左手劍指向前、向右劃弧，附於右手腕部，手心朝下；目視劍尖（圖 2－107）。

（3）上動不停，左脚提起經右脚內側向左後方退一步，先以脚掌着地，隨着重心漸漸移向左腿而至全脚踏實，左腿屈膝半蹲，右脚尖點地成右虛步，身體左轉；同時，右手持劍臂外旋前伸，使手心轉朝上，屈肘向左平帶至左肋前，劍尖朝前，略高於腕；左手劍指經體前向左劃弧，屈肘平舉於左胸前，手心斜朝外；目視劍尖（圖 2－108）。

（4）上動不停，右脚提起經左脚內側向右後方退一步，先以脚掌着地，隨着重心漸漸移向右腿而至全脚踏實，右腿屈膝半蹲，左脚尖點地成左虛步，身體右轉；同時，右手持劍臂內旋前伸，使手心轉朝下，屈肘向右平帶至右肋前，劍尖朝前略高於腕；左手劍指向前、向右劃弧，附於右手腕部，手心朝下；目視劍尖（圖 2－109）。

圖2-105

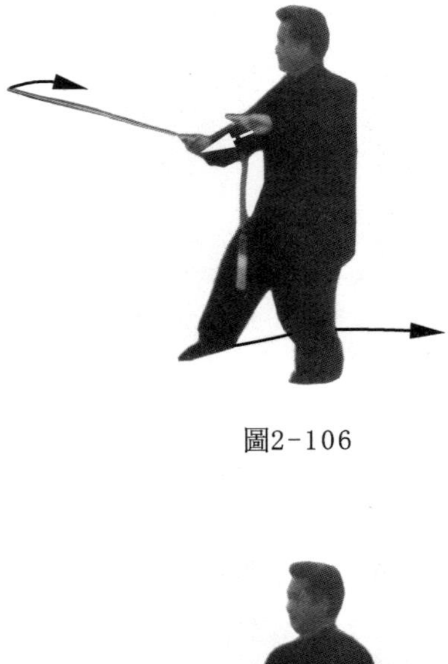

圖2-106

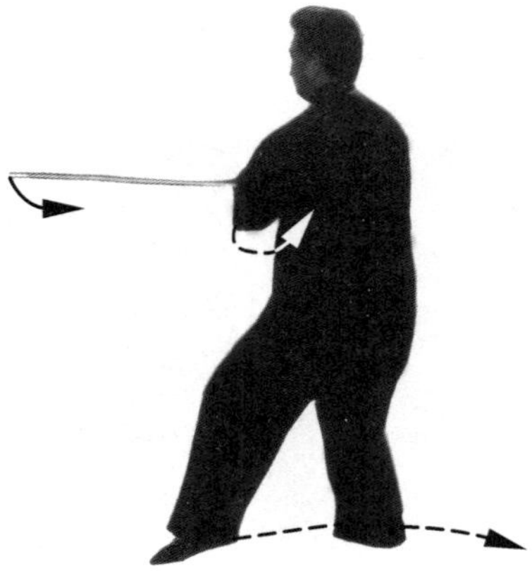

圖2-107

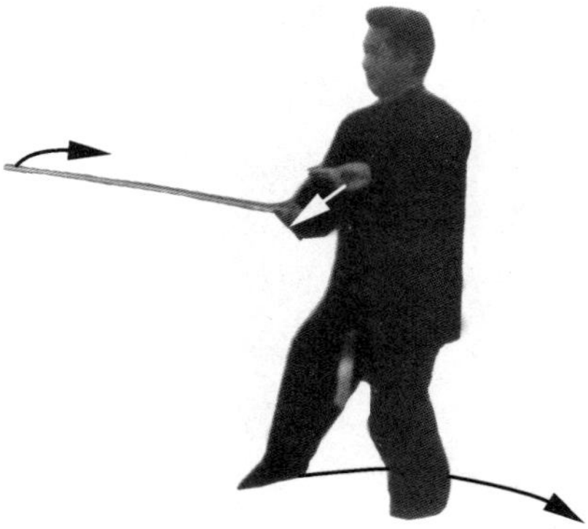

圖2-108

（5）上動不停，左脚提起經右脚內側向左後方退一步，先以脚掌着地，隨着重心漸漸移向左腿而至全脚踏實，左腿屈膝半蹲，右脚尖點地成右虛步，身體左轉；同時，右手持劍臂外旋前伸，使手心轉朝上；屈肘向左平帶至左腰前，劍尖朝前，略高於腕；左手劍指經體前向左劃弧，屈肘平舉於左肋前，手心斜朝外；目視劍尖（圖 2－110）。

（6）上動不停，右脚提起經左脚內側向右後方退一步，先以脚掌着地，隨着重心漸漸移向右腿而至全脚踏實，右腿屈膝半蹲，左脚尖點地成左虛步，身體右轉；同時，右手持劍臂內旋前伸，使手心轉朝下，屈肘向右平帶至右腰前，劍尖朝前；左手劍指向前、向右劃弧，附於右手腕部；目視劍尖（圖 2－111）。

要領：

以上六個分解動作要連貫進行，帶劍的高度應逐步下降，腰隨劍左右轉換圓活。

**44. 弓步下刺**

（1）右腿微屈，左脚提起，脚尖自然下垂，身體略左轉；同時，右手持劍臂外旋使手心轉朝上，以腕關節爲軸使劍尖朝左下方劃弧，劍尖低於腕；左手劍指仍附於右手腕部；目視左前方（圖 2－112）。

（2）上動不停，身體左轉，左脚向前落步，先以脚跟着地，隨着重心漸漸移向左腿而至全脚踏實，左腿屈膝，右脚跟外展，右腿自然伸直成左弓步；同時，右手持劍向前下方刺出，

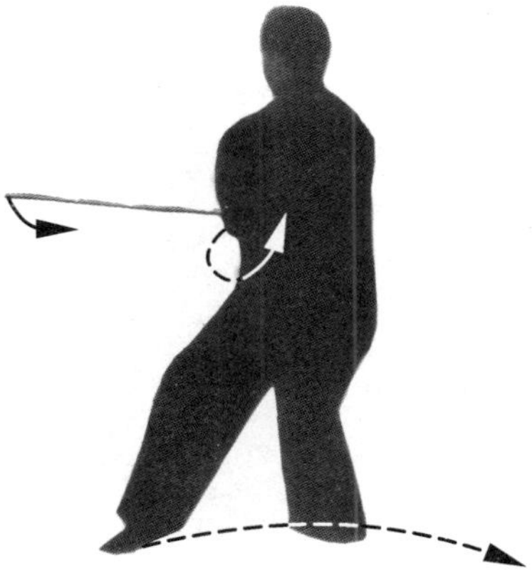
圖2-109

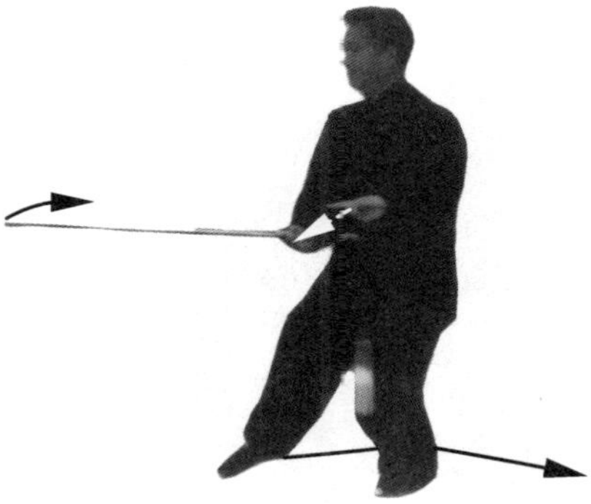
圖2-110

圖2-111

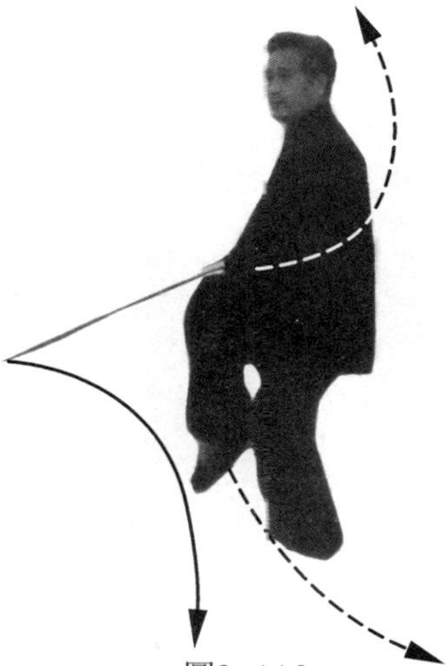
圖2-112

力注劍尖，劍尖低於腕，腕同腰高，手心朝上；左手劍指向下、向左、向上劃弧，屈肘架於左額前上方，手心斜朝上；目視劍尖（圖 2－113）。

**45. 弓步挑劍**

（1）左脚尖裹扣，重心全部移至左腿，左腿屈膝半蹲，右脚提起，脚尖自然下垂，身體略右轉；同時，右手持劍屈肘以腕爲軸向右、向上劃弧至左肋前，手心朝裹，劍尖斜朝後上方；左手劍指下落附於右手腕部；目視劍指方向（圖 2－114）。

（2）上動不停，身體右轉，右脚向右後方落步，重心右移，右腿屈膝，左脚跟外展，左腿自然伸直成右弓步；同時，右手持劍以腕爲軸向下、向右劃弧臂外旋屈肘至右胸前，使劍尖向上挑劍，力達劍尖，劍尖朝上，手心朝左；左手劍指向左、向上、向右劃弧，附於右手腕部；目平視左前方（圖 2－115）。

要領：

以腕爲軸劃弧盡量貼身立圓，眼隨劍走，隨挑劍稍向左轉腰。

**46. 提膝捧劍**

（1）重心右移，左脚向左前方上步，脚跟着地，脚尖翹起；同時，右手持劍臂内旋向下、向右擺舉，劍尖朝前，手心朝下；左手劍指向左劃弧至左胯旁，手心朝下，指尖朝前；目平視前方（圖 2－116）。

圖2-113

圖2-114

圖2-115

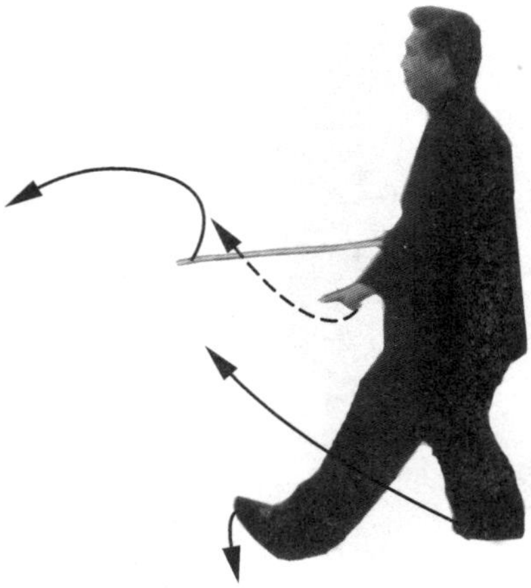
圖2-116

（2）上動不停，隨重心前移，左脚踏實，左腿自然直立，右脚屈膝提起，脚面繃平，脚尖下垂微内扣成左獨立步；同時，兩手臂外旋，使手心翻轉朝上隨提膝由兩側向胸前相合，左手劍指捧托在右手背下，與胸同高，劍尖朝前，略高於腕；目平視前方（圖 2－117）。

**47. 跳步平刺**

（1）右脚向前落步，先以脚跟着地，隨着重心漸漸移向右腿而至全脚踏實，左脚跟離地；同時，兩手捧劍向前下方伸送點擊，使劍尖斜朝下；目視劍尖方向（圖 2－118）。

（2）上動不停，右脚前掌用力蹬地，左脚隨即向前跳步踏實，左腿微屈，右脚在左脚將落未落地時迅速向前提起；同時，兩手捧劍屈肘收於胸腹前，沉腕向上崩劍使劍尖略高於腕，兩手心皆朝上；目視劍指方向（圖 2－119）。

（3）上動不停，右脚向前上步，先以脚跟着地，隨着重心漸漸移向右腿而至全脚踏實，右腿屈膝，左腿自然伸直成右弓步；同時，右手持劍邊臂内旋邊向前立劍刺出，腕同胸高，劍刃朝上，力注劍尖，手心朝左；左手劍指向左後方劃弧平舉，指尖朝後，與肩同高，手心朝左；目視劍尖（圖 2－120）。

**48. 轉身劈劍**

（1）重心後移，左腿屈膝，身體略左轉；同時，右手持劍屈肘臂外旋向上、向左後方劃弧

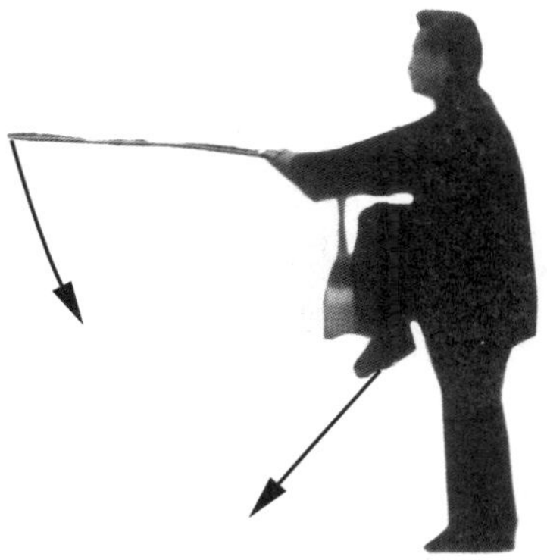
圖2－117

圖2－118

圖2－119

圖2－120

至腹前，手心朝裏，劍尖斜朝左後上方；左手劍指屈肘下落附於右手腕部；目視劍指方向（圖 2－121）。

（2）上動不停，身體右轉，右脚尖外撇踏實，重心前移；同時，右手持劍臂内旋隨轉體向下、向前劃弧，劍尖斜朝下，手心朝右；左手劍指仍附於右手腕部；目視劍尖（圖 2－122）。

（3）上動不停，隨身體向右後轉，右脚以脚掌爲軸碾地，使脚跟裏轉踏實，右腿屈膝，左脚提起隨轉體向身後落步，左腿自然伸直成右弓步；同時，右手持劍隨轉體向上、向前劃弧劈劍，右臂與劍成一直綫，腕同胸高，劍尖朝前；左手劍指向下、向左後方劃弧平舉，指尖朝後，手心朝左；目視劍尖（圖 2－123）。

要領：

右手持劍劃弧時劍貼身體立圓劃弧，眼隨劍走、身體右轉、左脚退步時以脚掌先着地，然後脚跟外展踏實，上下肢動作要協調一致。

**49. 弓步平刺**

（1）右脚尖裏扣踏實，隨重心全部移於右腿，身體略左轉，左脚提回；同時，右手持劍使劍尖向下、向左劃弧，臂外旋屈肘收至右腰側，手心朝上，劍尖朝左下方；左手劍指向上、向右劃弧，屈肘於右胸前，手心朝右；目平視左側（圖 2－124）。

（2）上動不停，身體左轉的同時，左脚向前落步，重心前移繼而右脚向右前上步，先

圖2-121

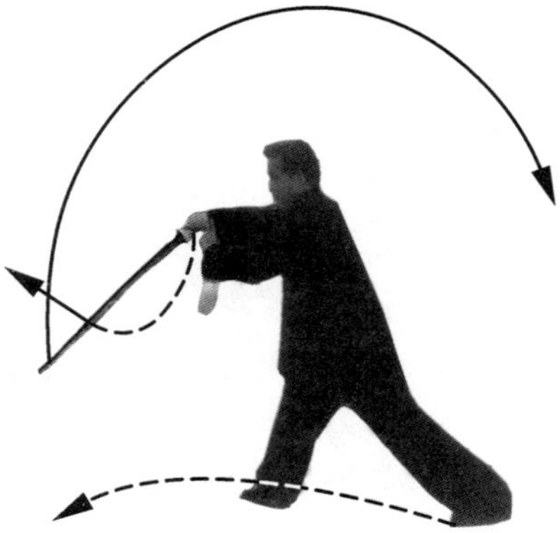

圖2-122

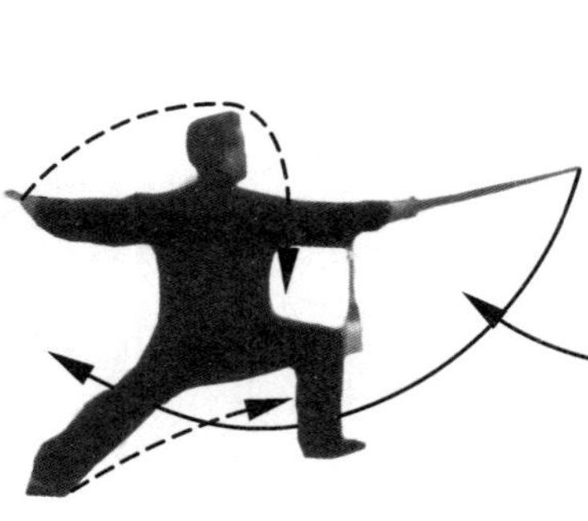

圖2-123

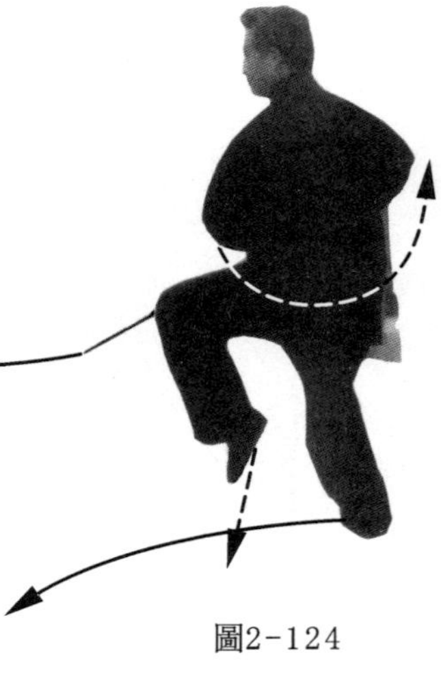

圖2-124

以脚跟着地，隨着重心漸漸移向右腿而至全脚踏實，右腿屈膝，左腿自然伸直成右弓步；同時，右手持劍直臂向前平劍刺出，手心朝上，腕同胸高，力注劍尖；左手劍指經下向左後方劃弧平舉，指尖朝後，手心朝左；目視劍尖（圖 2－125）。

要領：

右手向左下方劃弧時，稍提腕，劍尖不可觸地，但要防止聳肩。刺劍與弓步要協調一致。

### 50. 弓步竪劍

右脚尖裏扣踏實，重心全部移於右腿，身體略左轉，左脚提起後再原位置落下，身體重心再移至左腿，左腿屈膝，右腿自然伸直成左横弓步；同時，右手持劍屈肘臂外旋向上、向左劃弧至左胸前，手心朝後，劍尖朝上；左手劍指屈肘附於右手腕部；目向右平視（圖 2－126）。

要領：

右脚尖裏扣重心右移的同時上體左轉、左脚提起再落下後、重心再移於左腿，身體轉換應平穩，起伏不可太大；眼隨右手先向左，然後在兩手相合時再向右看。

### 51. 旋轉平掃

（1）左脚尖裏扣踏實；同時，右手持劍以腕爲軸臂内旋使劍尖逆時針方向劃一圓弧向下，劍身横置於胸前，劍尖朝左後方，略高於

圖2-125

圖2-126

圖2-127

圖2-128

腕，手心朝下；左手劍指仍附於右手腕部；目視劍指方向（圖 2－127）。

（2）上動不停，重心全部移於左腿，左腿微屈膝，右脚提起、脚尖自然下垂、身體略右轉；兩手動作不變，目仍視劍指方向（圖 2－128）。

（3）上動不停，右脚向右前方落步，脚尖外擺，兩腿微屈膝；同時身體稍右轉；兩手動作不變；目平視前方（圖 2－129）。

（4）上動不停，隨身體重心前移，左脚提起經右脚内側扣脚尖向右上步，兩脚尖斜相對成内八字形，身體繼續右轉；兩手動作不變；目仍平視前方（圖 2－130）。

（5）上動不停，以左脚掌爲軸，身體繼續右轉，右脚隨轉體向右後方退步；兩手動作不變，目仍平視前方（圖 2－131）。

（6）上動不停，身體略右轉，重心後移、右腿屈膝半蹲，左脚隨之提起，向裏半步落下脚尖點地成左虛步；同時，右手持劍隨轉體由左向右平掃至右胯旁，力達劍身，手心朝下，劍尖朝前，低於腕；左手劍指左擺至左胯旁，手心朝下，指尖朝前；目平視前方（圖 2－132）。

要領：

擺扣步旋轉要平穩自然，不可彎腰低頭，速度要均勻，勿飄浮、身體方向與起勢方向相同。

**52. 虛步捧劍**

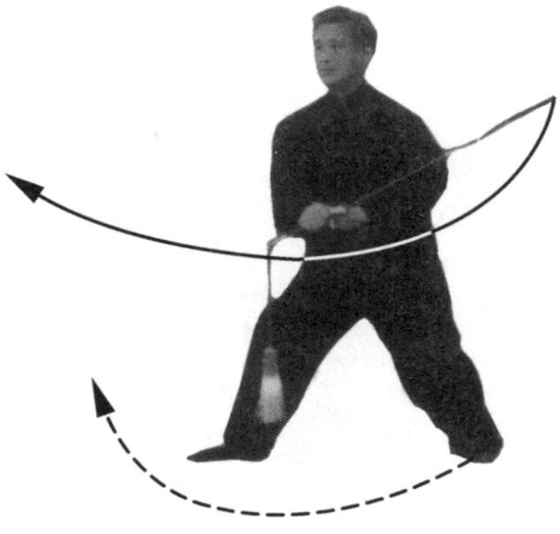

圖2-129

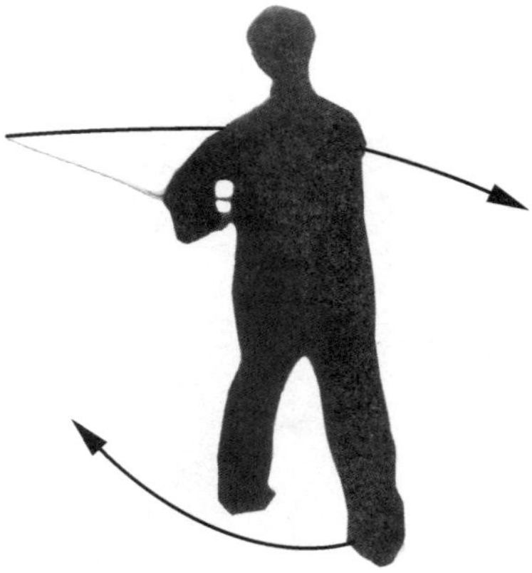

圖2-130

圖2-131

圖2-132

左脚稍提起，然後先以脚跟着地，再脚掌稍外撇踏實，重心前移、左腿屈膝半蹲，右脚向前上步，微屈膝，脚尖點地成右虛步；同時，兩手臂外旋，使手心翻轉朝上，由兩側向前相合，左手劍指捧托在右手背下，劍尖朝前，略高於腕；目平視前方（圖 2－133）。

**53. 開立刺劍**

右脚踏實，重心前移，左脚向前上步，兩脚平行站立，兩腿自然伸直，與肩同寬；同時，兩手捧劍向前平劍刺出，力注劍尖，手心朝上，高於胸平，劍尖略高於腕；目平視前方（圖 2－134）。

要領：

身體直立要自然，不要故意挺胸。刺劍時兩臂要微屈，左脚上步與刺劍要協調一致。

**收勢**

（1）右手持劍以腕爲軸使劍尖向上、向後劃弧至左後方，臂内旋手心翻轉朝下，左手劍指變掌兩手相對準備接劍；目平視前方（圖 2－135）。

（2）上動不停，左手按劍，右手變劍指臂外旋，兩手同時分開至兩肩前，手心皆朝上，劍柄和指尖朝前；目平視前方（圖 2－136）。

（3）上動不停，兩臂慢慢向下臂内旋經左右向前劃弧；同時，左手持劍以腕爲軸，使劍尖在身左側由後向上、向前、向下，再向後立

圖2－133

圖2－134

圖2－135

圖2－136

圓劃弧，兩手高於肩平，手心皆朝下；目平視前方（圖 2－137）。

（4）上動不停，兩臂慢慢向下落至左右兩側，兩手心皆朝後，目平視前方（圖 2－138）。

（5）上動不停，左脚向右脚并攏，身體自然站立，兩臂垂於體側，右手心轉朝裏；目平視前方（圖 2－139）。

要領：

左手接劍立圓劃弧時，不能碰觸身體. 最後成并步時，上體保持自然，兩肩自然鬆沉。

圖2－137

圖2－138

圖2－139